C·H·Beck

PAPERBACK

W0379668

Viele Menschen lehnen das Wettbewerbsprinzip mit ethisch motivierten Argumenten ab. Sie prangern das Konkurrenzdenken an, rufen nach Mäßigung und wenden sich gegen zu viel Ökonomisierung. Wettbewerb verderbe die Moral, so die Behauptung. Dagegen vertritt Christoph Lütge, Professor für Wirtschaftsethik an der TU München, die These, dass verstärkter Wettbewerb ethischen Zwecken in vieler Hinsicht dienen kann. Antipathien gegen Wettbewerb beruhen dagegen auf falschen Vorstellungen über die Funktionsweise unserer Gesellschaft und ihrer Ökonomie: Sie wird noch immer weitgehend in Nullsummen gedacht, bei denen der eine verliert, was der andere gewinnt. Dieses Denken ist historisch als Reaktion auf eine bestimmte soziale und ökonomische Situation zu verstehen und in der aktuellen Lage völlig überholt. Lütge begründet dies historisch und systematisch. Er führt seine These an Beispielen wie Ökologie, Bildung, Gesundheitswesen aus und hält ein Plädoyer für mehr Unternehmertum in allen Bereichen der Gesellschaft.

Prof. Dr. Christoph Lütge ist Ordinarius für Wirtschaftsethik an der Technischen Universität München.

Christoph Lütge

Ethik des Wettbewerbs

Über Konkurrenz und Moral

C.H.Beck

Für Felix und Valerie

Originalausgabe

Satz, Druck u. Bindung: Druckerei C.H.Beck, Nördlingen
Umschlaggestaltung: malsyteufel, Willich
Printed in Germany
ISBN 978 3 406 66964 4

www.beck.de

Inhalt

Einleitung

«Der Krieg ist der Vater aller Dinge», sagte Heraklit um das Jahr 500 v. Chr. Er gilt damit vielen Interpreten als der dunkle, der ‹schwierige› Denker, der das Leben vor allem von Disharmonie gekennzeichnet sah und sich wenig Illusionen machte. Damit steht er ganz im Gegensatz zu den meisten anderen antiken Philosophen, welche vor allem die ewigen Werte, die Einheit des Seins, das immer Gleiche, die Einheit in der Vielheit oder das überzeitlich Göttliche betonten. Heraklit dagegen geht es um die Veränderlichkeit, um das sich Wandelnde.

Die deutsche Übersetzung von «polemos» mit «Krieg» ist im Grunde genommen zu eng: Man kann eher vom Widerstreit, vom Wettstreit sprechen – oder vom Wettbewerb. In der Tat trifft sich dies auch mit Heraklits anderem bekannten Ausspruch «panta rhei»: Alles fließt. Die Welt ist ständigen Veränderungen unterworfen, und der Wettbewerb ist einer jener Mechanismen, die diese Veränderungen hervorbringen.

Der Wettbewerb ist das Thema dieses Buches. Genauer gesagt: Es geht um eine Betrachtung des Wettbewerbs aus *ethischer* Sicht. Mein Ziel ist dabei nicht primär eine Abwägung der ethischen Konsequenzen des Wettbewerbs, etwa die Fragen zu klären, ob die Vorteile des Wettbewerbs die Nachteile überwiegen oder was man im Wettbewerb darf und was nicht (auch wenn ich beides en passant streifen werde). Mein Ziel ist vielmehr, die ethischen Leistungen des Wettbewerbs systematisch herauszuarbeiten und zu würdigen – als eines zivilen, nicht kriegerisch-kämpferischen Mechanismus, der viele zivilisatorische Errungenschaften erst ermöglicht hat.

Wie in diesem Buch deutlich werden wird, sind so manche Kritiker der Marktwirtschaft, Kritiker des Kapitalismus, Kritiker der Ökonomie und der Ökonomisierung bei näherer Betrachtung keine fundamentalen Gegner des Wettbewerbs. Manche sagen dies ganz offen, etwa der britische Handelsminister Vince Cable, als er auf dem Parteitag der Liberaldemokraten 2010 äußerte, der Kapitalismus töte den Wettbewerb, wo er könne.[1] Gleiches gilt in der Sache aber, wie ich zeigen werde, für viele andere Kritiker: Sie mögen vehemente Brandreden gegen Ökonomisierung und Kommerz, gegen den «Terror der Ökonomie» (Viviane Forrester) oder gegen das Diktat der Märkte halten – aber wenn man genauer hinsieht oder nachliest, so lehnen sie den Wettbewerb als solchen nicht grundsätzlich ab, sondern sehen seine Notwendigkeit (vielleicht innerhalb gewisser Grenzen) doch ein.

Dieser Grundgedanke durchzieht das folgende Buch. Dazu ist es in Kapitel 1 zunächst erforderlich, den Begriff und das Konzept des Wettbewerbs schärfer zu fassen und ihn von verwandten Begriffen zu unterscheiden. Näher beleuchtet wird dabei die Verwendung des Begriffs Wettbewerb in unterschiedlichen Kulturen sowie in unterschiedlichen Epochen. Auch die Kritiker des Wettbewerbs kommen ausführlich zu Wort.

Kapitel 2 begründet, weshalb Wettbewerb aus ethischer Sicht ein fruchtbares und begrüßenswertes Konzept darstellt. Ich werde dabei auf die Philosophie, aber auch auf ökonomische Beispiele zurückgreifen.

Kapitel 3 fasst den Kerngedanken näher, der hinter der Ablehnung von Wettbewerbskonzepten steht: das Nullsummendenken. Dieses Denken werde ich durch Bibel, Geschichte und Philosophie hindurch verfolgen. Das Nullsummendenken steht einer ethischen Neubewertung des Wettbewerbs systematisch im Weg. Ich behaupte, dass der Wettbewerb in seinen unterschiedlichsten Ausprägungen massiv positive Auswirkungen auf Fragen der Ethik hat, und wir sollten daher unsere Wettbewerbsfeindschaft aufgeben. Ich gehe hier zudem auf interkulturelle Unterschiede in der Haltung zum Wettbewerb ein und werde auch experimentelle Befunde aus jüngster Zeit zitieren.

Die folgenden vier Kapitel dienen der Anwendung der grundlegenden Gedanken auf einzelne Bereiche:

In Kapitel 4 wird es darum gehen, wie verstärkter Wettbewerb im Bereich der Ökologie der Umwelt gerade nicht schadet, sondern ethische Verbesserungen erbringen kann.

Kapitel 5 beschäftigt sich mit den Auswirkungen des Wettbewerbs im Bildungssektor – wobei ich bereits an dieser Stelle betone: Es geht mir nicht darum, Wettbewerb in jeder Hinsicht und in jeder Form für zielführend oder ethisch wertvoll zu erklären. Vielmehr soll in diesem Kapitel gerade deutlich werden, dass es sehr darauf ankommt, zwischen welchen Akteuren wir den Wettbewerb stattfinden lassen – und in welcher Weise. Wettbewerb ist nicht einfach da, sondern wir müssen ihn gestalten.

Kapitel 6 widmet sich einem seit Jahren aktuellen und kontrovers diskutierten Gebiet, nämlich der Frage, ob verstärkter Wettbewerb in den Bereichen Gesundheit und Pflege zu Verbesserungen führt. Ich bin dieser Ansicht und werde begründen, weshalb. Aber auch hier kommt es darauf an, dass die Rahmenbedingungen des Wettbewerbs im Gesundheitssektor angemessen gesetzt sind.

Kapitel 7 diskutiert die Anwendung der Kerngedanken auf das Feld der Politik: Auch hier gibt es Raum für Verbesserungen durch den Wettbewerb, die nicht mit ethischen Argumenten abgebügelt werden sollten. In diesem Kapitel wird deutlich: Ethik sollte keine Einbahnstraße ausschließlich mit Verbotsschildern sein, in der grundsätzlich gebremst und verhindert wird. Ethik kann und sollte auch neue Spielräume eröffnen.

Kapitel 8 schließlich betrachtet die Art, wie wir im privaten Bereich mit wettbewerblichen Ideen umgehen – oder auch gerade *nicht* umgehen. So geraten schon Gesellschaftsspiele wie Monopoly in den Verdacht, zu konkurrenzorientiert und damit schädlich zu sein. Es geht mir hier um im Alltagsdenken verankerte Mechanismen, die uns immer wieder dazu führen, Wettbewerb und andere ökonomische Mechanismen abzulehnen – und die uns dabei auch selbst schaden. In dieser Hinsicht stimme ich mit vielen traditionellen Ethikern überein: Die Ethik kann sich nicht nur mit den großen Fragen der Politik und Gesellschaft beschäftigen, sondern sollte auch die kleinen, einzelnen und Alltagsfragen behandeln. Aber dabei sollte sie nicht nur dem Bremsen, sondern zumindest gelegentlich auch der Beschleunigung dienen.

Ich danke allen, ohne die dieses Buch nicht entstanden wäre. Ganz besonders danke ich meiner Frau Christiane für ihre Unterstützung sowie unseren Kindern, denen dieses Buch gewidmet ist.

Kapitel 1

Wettbewerb: Begriff und Konzepte

Zunächst sind einige begriffliche Präzisierungen notwendig. Ich betone dabei: Es handelt sich hier um eine philosophische Rekonstruktion der zentralen Begriffe – in ähnlicher Weise wie John Rawls seine Theorie als philosophische, nicht empirisch-psychologische Theorie bezeichnet.[2] Ich betreibe hier keine Etymologie, und meine Ausführungen ließen sich etymologisch fraglos noch detaillierter ausarbeiten.

Unter Wettbewerb verstehe ich den Zustand eines Konkurrenzstrebens mehrerer Akteure, eines Konkurrenzstrebens, das aber – im Gegensatz zum Kampf oder Wettkampf – nicht naturwüchsig ist und sich nicht von selbst dauerhaft aufrechterhalten kann. Wettbewerb in allen seinen Formen ist vielmehr eine Situation, die sich nur aufgrund von Regeln stabilisiert. Wettbewerb ist ein höchst artifizielles Gebilde, das, wenn man es sich selbst überlässt, sehr leicht zu einem «ruinösen Wettkampf» oder zu einem Hobbes'schen Kampf aller gegen alle mutieren kann. Übrigens unterschied schon der Erzliberale Ludwig von Mises ganz deutlich zwischen Wettbewerb und Kampf: «Es ist nichts als eine Metapher, wenn man den Wettbewerb Wettkampf oder Kampf schlechthin nennt. Die Funktion des Kampfes ist Vernichtung, die des Wettbewerbs Aufbau.»[3]

In historischer Perspektive hat vermutlich der sogenannte, nur als «Anonymus Iamblichi» bekannte griechische Autor im 5. Jahrhundert v. Chr. erstmals den Wettbewerb als Phänomen erkannt, als er zu erklären versuchte, weshalb die rohstoffarmen Griechen dennoch über eine starke Wirtschaft verfügten.[4]

Die weitere Begriffsgeschichte von Wettbewerb, ‹competition› und Konkurrenz hat Sandra Richter (2012, 14ff.) aufgearbeitet: Sie weist darauf hin, dass Grimms Wörterbuch den Wettbewerb als einen Schlüsselbegriff des späten 18. als auch des 19. Jahrhunderts ansieht und ihn mit Begriffen wie Rivalität, Wettstreit (der Künste u. a.) sowie dem «survival of the fittest» der Biologie in Verbindung bringt.

Der englische Begriff «competition» entstammt dagegen der lateinischen Wurzel *competere*, die mit *competitio* in Verbindung steht, einem Begriff aus dem juristischen Bereich. Er bezeichnet etwa eine gerichtliche Forderung, ein juristisches Verfahren um einen umstrittenen Gegenstand, das aber in bestimmter Weise geregelt ist. Hingegen ist das lateinische *concurrere* eindeutig dem kriegerischen Bereich, der Sphäre der Verteidigung, zuzuordnen (schon bei Cäsar). Danach ist Wettbewerb von vornherein als ein Vorgang zu verstehen, der innerhalb von Regeln stattfindet, Konkurrenz dagegen als eine Interaktion *ohne* Regeln.

Wettbewerb muss nicht um Geld gehen, vielmehr kann es sich beim Wettbewerb auch um ganz andere Güter oder Ziele drehen. Wettbewerb – und dieser Punkt ist mir besonders wichtig – ist gar kein exklusiv ökonomischer Begriff. Die Ökonomik als Wissenschaft hat kein Monopolrecht auf den Begriff Wettbewerb. Ich werde im folgenden Abschnitt einige Formen von Wettbewerb diskutieren, die gerade nicht die klassischen ökonomischen sind: Dazu zählen etwa Wettbewerb im Sport, ritterlicher Wettbewerb und sozialistischer Wettbewerb.

Unter Markt verstehe ich dagegen eine bestimmte ökonomisch-technische Umsetzung und tatsächliche Implementierung von Wettbewerb. Märkte werden von Angebot und Nachfrage gesteuert; die Marktwirtschaft lebt von der Austarierung beider. Wettbewerb und Konkurrenz sind dagegen viel fundamentalere Prinzipien menschlichen Zusammenlebens. Genau wie Märkte benötigen sie Regeln, um stabil zu bleiben. Aber – und hier entferne ich mich bewusst von der Begrifflichkeit einiger Teile der Ökonomik – Märkte sind etwas im engeren Sinn Ökonomisches, ich rechne sie eher dem Bereich der Wirtschaft zu: Die Aktienmärkte, die Rohstoffmärkte, die Gütermärkte, die Dienstleistungsmärkte usw. Mir ist bewusst, dass Ökonomen auch in einem weiteren Sinn von Märkten sprechen, etwa vom «Market for Virtue» (Vogel 2006) bzw. dem «Markt der Tugend» (Baurmann 1996). Dies entspricht aber nicht dem weitverbreiteten öffentlichen Verständnis, und daher möchte ich Märkte weiterhin als klassische ökonomische Größen verstehen. Damit wird der Begriff Wettbewerb für meine Zwecke trennscharf und lässt sich deutlich von im engeren Sinn ökonomischen Kontexten abheben. Wettbewerb ist damit auch kein der Marktwirtschaft exklusiv inhärentes Prinzip, sondern es kann Wettbewerb in ganz anderen als marktwirtschaftlichen Kontexten geben.

Unterschiedliche Wettbewerbskonzepte

1. Sportlicher und ritterlicher Wettbewerb

Der Wettbewerb im sportlichen Bereich dürfte zu den ältesten nach Regeln ablaufenden Wettbewerbsformen des Menschen gehören. Seit den ersten Anfängen, die schon in der Altsteinzeit vermutet werden,[5] haben sich Menschen mit Begeisterung im sportlichen Wettbewerb gemessen, und genauso haben Millionen, ja Milliarden von Menschen sportlichen Wettbewerben gerne zugesehen. In Deutschland, aber auch in anderen Ländern wie dem vom Wettbewerbsgeist durchdrungenen Vereinigten Königreich, ist man auf sportlichen Wettbewerb geradezu versessen. Gerade auch Laiensportler mit geringem Können streben oft als Erstes danach, sich mit anderen zu vergleichen, in Konkurrenz zu ihnen zu treten und den (vermeintlich) Besseren zu ermitteln.

Um die Begriffe trennscharf zu halten, spreche ich hier ausdrücklich nicht vom sportlichen Wettkampf, sondern vom sportlichen Wettbewerb. Das Wort Kampf reserviere ich für den, wie oben ausgeführt, naturwüchsigen, eher ungeregelten Zustand.

Der – in erster Linie, aber nicht nur – historisch bedeutsame *ritterliche* Wettbewerb nimmt seinen Ausgang im Hochmittelalter (vgl. etwa Paravicini 1994). Ritterlicher Wettbewerb: Damit meine ich hier in erster Linie die Turniere und andere Formen des sportlichen – oder genauer (da der Begriff Sport noch nicht existierte) ‹vor-sportlichen› – Wettbewerbs unter Angehörigen des Ritterstandes. Dieser Wettbewerb lief nach vielen, zum Teil sehr detailliert festgelegten Regeln ab, nach einem ritterlichen Ethos, das einzuhalten eine Sache der Ehre war. Und solange die Mechanismen der Ehre und das Risiko des Ehrverlustes als Sanktionsinstrumente funktionierten, konnte auch dieses Ethos funktionieren.

Es setzte sich fort über das Mittelalter hinaus, etwa in jener Anekdote aus dem 18. Jahrhundert, als man dem französischen Kommandanten in der Schlacht von Fontenoy 1745 die (historisch wohl nicht korrekte) Aussage «Messieurs les Anglais, tirez les premiers!» (Meine Herren Engländer, schießen Sie zuerst!) zuschrieb, oder in der oftmals als ritterlich bezeichneten Behandlung von Gegnern in den Luftkämpfen des 1. Weltkriegs. Diese Beispiele sind militärische und haben eher mit Kampf als mit Wettbewerb zu tun – aber zweifellos sind sie vom Ideal der Ritterlichkeit entscheidend beeinflusst. Ich wage zu behaupten, dass dies auch heute noch eine Rolle spielt, etwa wenn Autofahrer an engen Stellen anhalten, um entgegenkommende Fahrzeuge vorbeizulassen – und anschließend mit einem kurzen Handzeichen gegrüßt werden, ein Zeichen, das nicht unbedingt nötig wäre und für das man auch keine direkte Gegenleistung erwartet. Aber ein Handzeichen dennoch, mit dem man sagt: Ich respektiere mein Gegenüber. Sicher: Nur ein schwacher Abklatsch, aber immerhin.

2. Sozialistischer Wettbewerb

Wenn es noch eines Beweises bedurft hätte, dass Wettbewerb ein von der Marktwirtschaft unabhängiges Konzept ist, so würde dies der Nachweis liefern, dass Wettbewerb auch innerhalb grundverschiedener Wirtschaftsordnungen geschätzt wird. Und dafür gibt es genügend Belege, insbesondere aus sozialistischen Systemen und Denkordnungen.

Vielen geläufig ist noch das Prinzip des «sozialistischen Wettbewerbs». Im Westen wurde es allerdings regelmäßig verlacht und lediglich als Scheinwettbewerb abgetan, so auch das berühmte Extrembeispiel des zu sozialistischem Ruhm gekommenen Werktätigen Adolf Hennecke (1905–1975), der 1948 sein Plansoll zu 387 Prozent erfüllte und zum Vorbild aller sozialistischen Werktätigen wurde. Um solche Propaganda-Fälle geht es mir hier nicht. Wenn man sich aber die Geschichte des Marxismus näher ansieht, so fallen einige Äußerungen auf:

Das fängt schon bei Marx an. Die Handlung des Kapitalisten ist nach Marx nur «Wirkung des gesellschaftlichen Mechanismus, worin er nur ein Triebrad ist» (Das Kapital, Bd. 1, 1867; MEW, Bd. 23, S. 618). Und dieser gesellschaftliche Mechanismus besteht gerade auch in der Konkurrenz bzw. im Wetteifer unter den einzelnen Kapitalisten und den einzelnen Arbeitern – was nicht als grundsätzlich abzuschaffendes, sondern auch einer sozialistischen Wirtschaft innewohnendes Prinzip anzusehen sei (Das Kapital, Bd. 1; MEW, Bd. 23, S. 345). Marx war somit nicht gegen den Wettbewerb als solchen – über dessen konkrete Ausgestaltung im Detail ist dabei natürlich noch nichts gesagt.

Noch schlagender ist das Beispiel Lenins aus einer Rede von 1917. Lenin ist zwar dem Kapitalismus gegenüber feindlich gesinnt, aber den Wettbewerb möchte er nicht abschaffen. Im Gegenteil kritisiert er den Kapitalismus dafür, dass er den Wettbewerb zerstöre und die kleine unabhängige Güterproduktion durch Monopole ersetze:

«Die bürgerlichen Schriftsteller schrieben und schreiben ganze Berge von Papier voll, um die Konkurrenz, den privaten Unternehmungsgeist und sonstige prächtige Tugenden und Reize der Kapitalisten und der kapitalistischen Ordnung zu verherrlichen. Den Sozialisten wurde vorgeworfen, sie wollten die Bedeutung dieser Tugenden nicht erkennen und der ‹Natur des Menschen› nicht Rechnung tragen. In Wirklichkeit aber hat der Kapitalismus längst die selbstständige kleine Warenproduktion, unter der die Konkurrenz in einigermaßen breitem Ausmaß Unternehmensgeist, Energie, kühne Initiative entwickeln konnte, durch fabrikmäßige Produktion in Groß- und Riesenbetrieben, durch AGs, Syndikate und andere Monopole ersetzt. Die Konkurrenz unter einem solchen Kapitalismus bedeutet eine unerhört brutale *Unterdrückung* des Unternehmungsgeistes, der Energie und der kühnen Initiative der Massen der Bevölkerung, der gigantischen Mehrheit der Bevölkerung, von neunundneunzig Prozent der Werktätigen, bedeutet ferner, auf den obersten Sprossen der sozialen Leiter, die Ersetzung des Wettbewerbs durch Finanzschwindel, Vetternwirtschaft, Liebedienerei.» (Lenin 1967, Bd. 2, S. 586; Hervorhebung im Original)

Lenin stellt somit dem Wettbewerb ausdrücklich sehr negativ besetzte Phänomene wie Vetternwirtschaft gegenüber. Der Sozialismus dagegen wolle den Wettbewerb erst richtig in Gang bringen. Freilich hat Lenin bestimmte Ideen davon, wie der Wettbewerb zu organisieren sei. Dies sei Aufgabe einer sozialistischen Regierung, und dabei sollen etwa Banken nationalisiert und unter die Kontrolle der Arbeiter gestellt werden. So problematisch diese Vorschläge im Detail sind, so interessant ist dennoch das Ziel: Wettbewerb herzustellen und die unterschiedlichen Talente ohne Uniformität zur Geltung zu bringen.

Interessanterweise greift dies zumindest in einer Formulierung ein aktueller Kritiker des Kapitalismus wieder auf, Stéphane Hessel (1917–2013). In seiner Hauptschrift «Empört Euch!» von 2010 sieht er den Kapitalismus nahezu durchweg als Quelle des Übels an und wettert gegen zunehmenden Konkurrenzdruck und Märkte insgesamt. In der mit Edgar Morin verfassten Schrift «Wege der Hoffnung» jedoch findet sich eine Passage,[6] in der sich beide für größere individuelle Freiheit und für kreative Konkurrenz der Individuen aussprechen, um die besten Lösungen für die Krisen der Gegenwart zu finden – immerhin im Ansatz ein Argument für Wettbewerb. Gleichzeitig prangert Hessel Oligopole und Monopole an, ganz ähnlich wie Lenin.

3. Wettbewerbskonzepte in außereuropäischen Kulturen

Wie viele andere Konzepte ist auch der Wettbewerb nicht invariant gegenüber der Kultur, in der er stattfindet. Dies gilt zumindest für historische Beispiele, in der modernen globalisierten Gesellschaft kann man von solchen kulturellen Geprägtheiten tendenziell immer weniger ausgehen. Dennoch ist festzuhalten, dass es kulturelle Einflüsse auf Werte in der Wirtschaft gibt, etwa bei der gesellschaftlichen Verankerung von Korruption, bei der Art und Weise der Altersabsicherung oder etwa in Fragen der Mitbestimmung am Arbeitsplatz. Wie weit diese kulturellen Einflüsse reichen und ob sie tatsächlich in keiner Weise durch ökonomische Anreize veränderbar sind, soll hier nicht untersucht werden. Hier soll es lediglich darum gehen, dass Wettbewerb ganz andere als die meist zitierten Formen annehmen kann. Dazu sei zunächst ein historisches Beispiel angeführt:

Beamtenprüfungen im alten China

Das kaiserliche China verfügte jahrhundertelang über einen sehr leistungsfähigen Beamtenapparat. Dessen Leistungsfähigkeit lag wesentlich darin mitbegründet, dass die Beamten bereits seit der Han-Dynastie (3. Jh. v. Chr. – 3. Jh. n. Chr.) in einem stark leistungsorientierten Verfahren ausgewählt wurden. Bereits zur Han-Zeit wurden erste Elemente einer Leistungsorientierung in die Auswahlprozesse eingebunden, die dann in der Sui-Dynastie (581 – 618 n. Chr.) in ein leistungsorientiertes Prüfungssystem umgewandelt wurden. Die Prüfung bestand zunächst aus zwei Teilen, einem Hauptstadtexamen des sogenannten Ritenministeriums, das in erster Linie Wissen abfragte, und einem Einstellungstest des «Personalministeriums», der zunächst noch Angehörige adliger Familien begünstigte. Aber auch dieser Einstellungstest wurde in der Song-Dynastie (960 – 1279 n. Chr.) abgeschafft, so dass die Beamtenauswahl bereits um die erste Jahrtausendwende auf der Basis eines rein wissensorientierten Verfahrens erfolgte. Dieses Verfahren war, um effektiv zu sein, hochgradig kompetitiv. In Europa gab es dagegen auch Jahrhunderte später kaum vergleichbare Verfahren (am ehesten noch die Prüfungen des Jahrhunderte später entstandenen Jesuitenordens).

Die chinesischen Beamtenprüfungen waren Examina, in denen die Kenntnisse der kanonischen konfuzianischen Texte abgefragt wurden. Die Kandidaten mussten die zentralen Bücher kennen, insbesondere die «Analekten» des Konfuzius, die Bücher des Menzius und weitere Texte, etwa das «Buch der Lieder», das «Buch der Urkunden und der Wandlungen» und andere. Die Durchfallquoten waren zu allen Zeiten des alten Chinas sehr hoch (sogar bis zu 99 Prozent), was auch daran lag, dass die Anforderungen an formale Aspekte extrem stark waren. Zudem waren die äußeren Bedingungen für die Kandidaten sehr schwierig, so mussten sie in von Wind und Regen immer wieder heimgesuchten Zellen an den Prüfungsfragen arbeiten. Miyazaki (1976) spricht denn auch von Chinas «Prüfungshölle» («China's Examination Hell»). Es finden sich aber auch andere Bewertungen, die das System als «erfolgreichen Versuch einer intellektuellen Meritokratie» bezeichnen (Crozier 2002).

Zweifellos handelt es sich bei diesem System nicht um einen ökonomischen Wettbewerb im klassischen Sinn, in dem es um Geld und andere im engeren Sinn materielle Aspekte geht. Dies wäre im alten China auch gar nicht möglich gewesen, dessen zentrale Denkweisen eher ökonomiefeindlich waren. Dazu zählt – entgegen manchen gängigen Meinungen – auch der Konfuzianismus, der zumindest in seiner ursprünglichen Form sehr im traditionellen Denken verhaftet ist (so spricht er sich etwa für den Vermögensaufbau primär durch Kauf von Land und nicht durch Handel aus, was damit zu begründen ist, dass Konfuzianer der klassischen Art sich an Hierarchien und Familienbindungen orientieren und riskante Investitionen eher ablehnen).[7]

Dennoch ist es erstaunlich zu verfolgen, welchen Aufschwung der Konfuzianismus gerade in China seit Beginn der marktwirtschaftlichen Reformen in den 1980er und 1990er Jahren genommen hat. Zwar ist der Konfuzianismus keine offizielle Staatsdoktrin geworden; Offizielle halten immer noch (auf dem Papier) an sozialistischen Idealen fest. Aber das konfuzianische Denken ist in viele Aspekte des gesellschaftlichen, politischen und wirtschaftlichen Lebens in China fraglos eingedrungen. Es werden mit Regierungsgeldern konfuzianische Vereinigungen, konfuzianische Hochschulen und Akademien sowie Bücher zum Konfuzianismus unterstützt. Es ist ganz offensichtlich möglich, mit Hilfe des konfuzianischen Denkens auch die moderne Marktwirtschaft einigermaßen zu verstehen und zu fassen, obwohl Konfuzius selbst doch gerade Hierarchie und Familie stärken wollte.

Experten für Konfuzianismus erklären, dass die Ehrfurcht vor den Älteren bzw. der Respekt vor der Tradition vor allem als eine Art Versicherung dienen, um im Alter oder in Not – das heißt, wenn man selbst nicht mehr voll wettbewerbsfähig ist – trotzdem nicht dem vollen Ruin zu erliegen. Und dieser spezielle Respekt gelte eben nur gegenüber den Älteren und gegebenenfalls Familienmitgliedern, aber gerade nicht gegenüber Gleichgestellten, das heißt gegenüber denen, mit denen man gemeinsam im Wettbewerb steht.[8] Somit besteht für den Konfuzianer keine Notwendigkeit, sich im Wettbewerb als moralisch motiviert oder gar altruistisch zu erweisen. Vielmehr genügt es, so Konfuzius selbst, dem Gegner (dem Wettbewerber) Respekt zu erweisen, etwa indem man ihm auch bei eigener Niederlage gratuliert, verbunden mit Ritualen, wie sie auch von den ritterlichen Idealen des Westens bekannt sind.

Wenn auch der Konfuzianismus hier nicht ausführlich behandelt werden kann, so dürfte doch plausibel geworden sein, weshalb sich dieses Denken durchaus für eine aufstrebende dynamische Marktwirtschaft eignet. Dazu passt im Übrigen auch, dass der Konfuzianismus die Rolle von Regeln, gerade von externen, d. h. auch sanktionierten Regeln, hervorhebt: Der Wettbewerb soll im Rahmen fairer Regeln ablaufen, hierin stimme ich mit Konfuzius überein.

Es können hier nicht alle Formen des Wettbewerbs abgehandelt werden, das würde den Rahmen dieses Buches sprengen. Ich werde aber in den folgenden Kapiteln auf weitere unterschiedliche Wettbewerbsformen in Bereichen wie Gesundheit und Bildung zurückkommen.

Kapitalismuskritiker – Marktkritiker – Wettbewerbskritiker?

Wer sind denn die Kritiker von Kapitalismus, Markt und Wettbewerb, die ich meine?

Das Weltwirtschaftsforum in Davos startete im Jahr 2012 erstmals mit einer Grundsatzdebatte über den Kapitalismus. Zu der Debatte hatten das amerikanische Nachrichtenmagazin *Time* und das Weltwirtschaftsforum gemeinsam aufgerufen. Geladen waren Vertreter der Wirtschaft, der Gewerkschaften, von Investoren, von Banken sowie Ökonomen. Das Erstaunlichste an dieser Debatte war, dass sich nahezu alle Vertreter im Grundsatz darüber einig waren, dass der Kapitalismus für das 21. Jahrhundert vor massiven Problemen stehe und mindestens in der bisherigen Form für die Zukunft nicht mehr angemessen sei. So erklärte etwa Sharon Burrow, seit 2010 Generalsekretärin des Internationalen Gewerkschaftsverbands ITUC, der Kapitalismus habe es verpasst, sichere Jobs zu schaffen und den Reichtum gleichmäßig zu verteilen.[9] Aber auch Wirtschaftsvertreter wie Ben Verwaayen, von 2008–2013 Vorstandschef von Alcatel-Lucent, sprachen von den «unerfüllten Versprechen» des Kapitalismus. David Rubenstein, Vertreter einer US-amerikanischen Private-Equity-Firma, sagte, es habe sich gezeigt, der Kapitalismus habe «nicht die Fähigkeit, das Auf und Ab der Konjunktur zu managen», und er habe «das Problem der ökonomischen Ungleichheit nicht gelöst.»

Eine grundsätzliche Alternative hat allerdings kaum jemand in der Hinterhand. Was will man vom Kapitalismus – außer der Beseitigung von Ungleichheit? Ob Ungleichheit wirklich grundsätzlich abzulehnen ist und ob der Kapitalismus wirklich zu mehr Ungleichheit führt, sei hier dahingestellt. Gefordert werden von Kritikern aber u. a. mehr Innovation, mehr Bildung, mehr freies Unternehmertum – alles Dinge, die der *Wettbewerb* liefert, die aber nicht notwendig mit einem bestimmten Modell des Kapitalismus zusammenhängen.

Ich behaupte: Kapitalismuskritiker sind nicht notwendig auch Wettbewerbskritiker. Vielmehr lassen sie sich durchaus und leichter von den Vorzügen des Wettbewerbs überzeugen als von den Vorzügen eines bestimmten kapitalistischen Systems.

Ein zweites Beispiel: Der Wirtschaftsethiker und Wirtschaftskritiker Ulrich Thielemann ist im deutschsprachigen Raum als Kritiker von Unternehmen und als Kritiker des «Ökonomismus» bekannt. Er wettert mit Büchern wie «System Error: Warum der freie Markt zur Unfreiheit führt» (2009) gegen den «Geist der Gier», gegen nur noch ökonomisch denkende Führungskräfte und gegen die Maximierung der Gewinne. Sieht man genauer hin, ist er aber nicht gegen den Wettbewerb, sondern er erkennt durchaus Leistungen an, die der Wettbewerb im Rahmen geeigneter Regeln erbringen kann. So sagt er etwa, «wir brauchen ordnungspolitische Rahmenbedingungen, die den Wettbewerb selbst in ethischer Absicht gestalten» (Handelszeitung vom 26.01.2005). Oder: Thielemann wirft Ländern wie Griechenland vor, dass sie «wegen zu wenig Wettbewerb und verkrusteter Strukturen am Boden» liegen (Handelszeitung vom 12.04.2012). Das heißt wiederum: Ein prononcierter Kapitalismuskritiker wie Thielemann ist durchaus für Wettbewerb mit den entsprechenden Regeln.

Ein drittes Beispiel: Der Jesuitenpater und emeritierte Wirtschaftsethikprofessor Friedhelm Hengsbach hat sich oftmals als scharfer Kritiker der Ausweitung marktwirtschaftlicher Mechanismen geäußert, etwa gegen die Kommerzialisierung in Bereichen wie Sozialarbeit und Gesundheitswesen, er hat sich auch schon für das Konzept eines gerechten Preises ausgesprochen – aber er sieht durchaus die ethischen Leistungen des Wettbewerbs. In einem ausführlichen ZEIT-Gespräch mit Karl Homann gibt er selbst zu: «Wettbewerb da, wo er funktioniert – einverstanden. In dem Rahmen, den der Staat ihm setzt» (ZEIT vom 24.09.2009). Das heißt auch hier: Mit Wettbewerb ist der Kritiker einverstanden, er thematisiert dann allenfalls noch die unterschiedlichen Ausgangsbedingungen, welche die Teilnehmer im Wettbewerb haben.

So manche Kapitalismus- und Marktkritiker – etwa auch Papst Franziskus mit seiner Schrift «Evangelii Gaudium» (2013) – machen die *Gier* verantwortlich für die vermeintlichen Fehlleistungen des Kapitalismus: Ist nicht der Wettbewerb als solcher verantwortlich? Der Wettbewerb, für den niemand persönlich verantwortlich zu machen ist, sondern der den Randbedingungen moderner Gesellschaften geschuldet ist?

Auch hierzu ein prominenter Belegautor, dieses Mal aus dem anderen Lager: Der Ökonom Tomáš Sedláček hat mit seinem Buch «Die Ökonomie von Gut und Böse» (2012) eine faszinierende Kulturgeschichte der Wirtschaft vorgelegt. Vielen seiner Thesen kann ich sehr gut zustimmen, aber er begeht einen grundsätzlichen Fehler: Er setzt die Gier als Naturphänomen an den Anfang der ökonomischen Entwicklung. Nicht etwa den Wettbewerb, sondern eine anthropologische Konstante, eine Eigenschaft individueller Akteure wird zum Ausgangspunkt seiner Thesen.

Man fragt sich allerdings, wieso dann die ökonomische Dynamik der modernen Marktwirtschaft nicht schon viel früher entstanden ist, wenn sie denn auf einer anthropologischen Konstante beruht. Stattdessen benötigte es viele Jahrhunderte und viele institutionelle Reformen, bis die moderne Marktwirtschaft «abheben» konnte.

Der Vordenker der Occupy-Bewegung David Graeber behauptet in seinem Buch «Schulden. Die ersten 5000 Jahre» (2012), die heutige Marktwirtschaft und die von ihm diagnostizierten «Exzesse» des Kapitalismus seien bestimmten Entscheidungen irgendwelcher Herrschenden oder eingefahrenen Gewohnheiten der Menschen oder einfach dem bösen Dämon Geld geschuldet. Was er aber nicht sagt, ist, dass der Wettbewerb für viele marktwirtschaftliche Mechanismen verantwortlich ist – und seine ethischen Leistungen erbringt. Stattdessen ist es mal wieder die «Gier», die in den Wirtschaftswissenschaften auch allein im Vordergrund stehe; alle anderen menschlichen Motive würden ausgeblendet (Interview in der Süddeutschen Zeitung vom 21.05.2012).

Dieses Denken ist in der gesamten Occupy-Bewegung weit verbreitet: Viele ihrer Anhänger verstehen nicht, dass es ein allgemeines Prinzip von Gesellschaften wie der Wettbewerb ist, das vielleicht durch bessere Regeln in eine andere Richtung gelenkt werden müsste – und nicht die Gier Einzelner oder bestimmter Eliten oder bestimmter Klassen, die für die Marktwirtschaft einiges leistet, aber durchaus auch, wenn fehlgeleitet, problematische Entwicklungen verursachen kann. Gegen die Gier kann man anrennen – das ist schön einfach. Gegen den Wettbewerb als gesellschaftliches Prinzip aber kaum.

Wettbewerbskritik

So weit einige Beispiele für Kapitalismuskritik. Eine noch stärkere Form der Kritik dagegen ist die Wettbewerbskritik. Diese findet sich in zweierlei Form, zum einen in der populären öffentlichen Diskussion, aber andererseits auch in der wissenschaftlichen Debatte.

Ein Beispiel für die erstere Form ist eine Aussage wie die von Karl-Heinz Brodbeck (Financial Times Deutschland vom 14.09.2004), der schlankweg behauptet: «Die Moral aber ist das Gegenteil von Wettbewerb; sie hat die Aufgabe, den anderen einzubeziehen, lehrt das Miteinander, nicht das Gegeneinander.» Ähnlich wünschte sich der bereits erwähnte Friedhelm Hengsbach den «Abschied von der Konkurrenzgesellschaft» (Hengsbach 1995), und Meinhard Miegel glaubt in «Hybris» (2014), der Wettbewerb überfordere uns alle systematisch. Weitere Beispiele werden in den Kapiteln über Gesundheit (Kap. 6) und Ökologie (Kap. 4) genannt, wenn etwa der Präsident der Bundesärztekammer Montgomery «zu viel Wettbewerb» für «unethisch» hält.[10]

Von anderer Qualität ist dagegen eine Grundsatzkritik wie die des Soziologen Hartmut Rosa. In einem Beitrag «Wettbewerb als Interaktionsmodus» (Rosa 2006) lehnt er den Wettbewerb und die «Konkurrenzgesellschaft» fundamental ab, und zwar mit theoretischen Argumenten. Rosa kritisiert vor allem, dass in Deutschland, aber auch in anderen Staaten die Wettbewerbsfähigkeit zum alleinigen Kriterium für Qualität nicht nur in der Wirtschaft, sondern auch in allen anderen Bereichen wie Wissenschaft bis hin zum Kindergarten würde. Sein Beitrag scheint vor allem auf den Wettbewerb zwischen den Universitäten abzuzielen, aber er formuliert seine Kritik deutlich allgemeiner.

Rosa verwendet im Kern folgende Argumente: Erstens, der Wettbewerb führe zur «Überschussproduktion» (S. 87) und stelle «daher eine außerordentlich verschwenderische Form sozialer Organisation dar» (S. 87). Dieses Argument ist spätestens seit 1968 widerlegt: Friedrich August von Hayek hat in seinem Beitrag «Der Wettbewerb als Entdeckungsverfahren» (Hayek 1968/1994) genau diesen Punkt entkräftet, denn: Von unnötiger Überschussproduktion kann man nur sprechen, wenn man im Vorhinein weiß, was von wem produziert werden soll und was jeder einzelne Nachfrager oder Konsument erwerben oder konsumieren will. Die vermeintliche Überschussproduktion im funktionierenden Wettbewerb ist keine überflüssige, sondern eine notwendige, nämlich um die beste und innovativste Lösung durch den Wettbewerb erst herauszufinden.

Rosa führt zweitens an, der Wettbewerb verstärke die «natürlichen oder sozialen Ungleichheiten zwischen den Menschen» (S. 93). Bestehende Bildungs- oder Vermögensunterschiede würden sich durch den Wettbewerb noch weiter vertiefen und vergrößern. Dieses Argument geht völlig fehl. Erstens: Es ist zwar richtig, dass der Wettbewerb nicht alle Menschen gleichmacht.

Die sozialistischen Experimente des 20. Jahrhunderts haben hinreichend gezeigt, dass eine solche möglichst weitgehende Gleichmacherei nicht wünschenswert ist. Das heißt aber zweitens nicht, dass die weniger gut Gestellten durch Wettbewerb in erster Linie Nachteile erleiden. Im Gegenteil: Ein funktionierender Wettbewerb stellt eine Win-Win-Situation dar.

Beispiele dafür finden sich zuhauf: Man wird kaum bestreiten können, dass viele ehemalige Entwicklungs- und Schwellenländer Asiens und Südamerikas, mittlerweile auch Afrikas, davon profitierten, sich in stärkerem Maße als früher dem Wettbewerb – wohlgemerkt kontrolliert und im Rahmen von Regeln – geöffnet zu haben.[11] Auch auf individueller Ebene nützt Wettbewerb den schlechter Gestellten: Nur bei funktionierendem Wettbewerb können weniger Bemittelte tatsächlich in einer Gesellschaft aufsteigen und den bisher besser Gestellten die Position streitig machen. Wer das bestreitet, will entweder eine sozialistische Gesellschaft oder den traditionellen Ständestaat.

Rosas drittes Argument ist, dass sich im Wettbewerb eine gewisse «Stromlinienförmigkeit» (S. 100) durchsetze, die «kauzige Originalität» zum Verschwinden bringe. Dieses Argument kann nur jemand vertreten, der glaubt, es gebe für jedes Problem nur eine Lösung und nur einen Weg. Nein: Viele Wege führen nach Rom. Das gilt schon für die biologische Evolution; sie zeigt in überreichem Maße, dass sich nicht nur eine Spezies auf ganzer Linie gegen die anderen durchsetzt, sondern es gibt immer verschiedene Lebensräume, die nebeneinander existieren können.[12] Es gibt für biologische Probleme ganz unterschiedliche Lösungen. Und genauso ist es im Wettbewerb: Ob es um Wohneinrichtungen, Bekleidung, Bierbrauerei, Fahrzeuge, Dienstleistungen wie Friseure, Gastronomie und private Bildungsanbieter sowie auch um Bücher, Kunstgegenstände, Musikstücke u.v.m. geht – man wird wohl kaum behaupten können, dass Wettbewerb in diesen Bereichen zur Uniformität führt und nur ein Produkt auf dem jeweiligen Markt zu- bzw. übrig lässt.

Rosas letztes Argument ist, dass Wettbewerb von einem Mittel zum Selbstzweck eines Systems werden kann. Die «Erhaltung der Wettbewerbsfähigkeit» werde «unvermeidlich zum wert- und zielopportunistischen Selbstzweck» (S. 103), und deswegen müsse man über eine «radikal *wettbewerbsbeschränkende* Reform der Sozialorganisation moderner Gesellschaften» nachdenken. Dieses Argument ist als solches durchaus ernst zu nehmen; man muss es aber gegen die theoretischen (vgl. Kap. 2) wie auch gegen die empirischen Argumente halten. Wenn es wirklich so wäre, dass Wettbewerb grundsätzlich leerläuft und niemandem nützt, so hätte man ein echtes Problem erkannt. Im Kapitel 5 werde ich zum Thema Bildung einige ähnliche Argumente vorbringen, in denen Folgen des Wettbewerbs allerdings seinen Regeln geschuldet sind.

Rosa behauptet demgegenüber, Konkurrenz sei generell «nicht neutral gegenüber den menschlich möglichen ‹letzten Stellungnahmen› zur Welt und zum Leben im Sinne Webers»; Konkurrenz habe sogar «erhebliche, ja totalisierende Konsequenzen für die individuellen Möglichkeiten der Lebensführung» (ebd.). Sicher: Einzelne sollten immer die Chance erhalten, sich wieder neu zu entwerfen. Aber dass es im Wettbewerb *prima facie* «Verlierer» gibt, ist unvermeidlich: Unternehmen müssen auch in Konkurs gehen können. Es wäre nicht wünschenswert, dass der Wettbewerb überhaupt keine «schöpferische Zerstörung» (Schumpeter 1912/1952) anrichtete. Das Neue kann nur in die Welt kommen, wenn man sich als Individuen von Althergebrachtem löst und wenn sich Unternehmen – als kollektive Akteure – völlig neu ausrichten und auf veränderte Situationen flexibel einstellen können. Denjenigen, die zunächst verlieren, sollte (temporär) geholfen werden, damit sie wieder am ‹Spiel› teilnehmen können. Aber damit sind wir schon mitten bei den ethischen Qualitäten des Wettbewerbs, die Thema des nächsten Kapitels sein werden.

Kapitel 2

Die ethische Rolle des Wettbewerbs

Die Schwarmintelligenz ist bereits seit den 1990er Jahren stark in der Diskussion. Die kollektiven Bedingungen von Intelligenz, Kreativität, der Suche nach Neuem, innovativen Lösungen und Ähnlichem sind Thema unzähliger wissenschaftlicher und anderer Diskussionen. Individuelle Leistungen treten demgegenüber immer weiter zurück. Im Internet sehen wir, ob bei den Verfassern von Wikipedia-Artikeln, bei der kostenlosen Beratung in Foren u.a. oder bei der Knüpfung sozialer Netzwerke durch Facebook, dass nur die Zusammenarbeit, die gemeinsame Leistung, das kollektive Ergebnis – und weniger die individuelle Leistung zählt. Unternehmen setzen immer stärker auf die Schwarmintelligenz ihrer Mitarbeiter und richten interne Plattformen und Ähnliches (Gassmann 2010) ein.

Psychologische Studien ergeben, dass sich auch die Selbstwahrnehmung und die Selbstentwürfe von Abiturienten, Studierenden und Hochschulabsolventen verändern: Sie richten sich immer stärker auf ein Miteinander, auf ein gemeinsames Erbringen von Leistungen ein, nicht nur in der Wirtschaft, sondern auch in der Wissenschaft und anderen gesellschaftlichen Bereichen. Diese Studien widersprechen der alten These vom zunehmenden Individualismus und «Egoismus» der atomisierten Einzelnen in der Moderne und in der globalisierten Welt. Manche Autoren gehen so weit, ein neues Zeitalter der «Kooperation» auszurufen und von einem kompletten Paradigmenwechsel in der jüngsten Gesellschaftsentwicklung zu sprechen. Selbst ein so hartgesottener Managementtheoretiker wie Michael Porter hat 2011 das Konzept «Creating Shared Value» zum neuen Prinzip der Unternehmen erhoben, in dem es gerade um *gemeinsam* geschaffene Werte geht.

Dennoch aber bewegen wir uns nicht in ein neues sozialistisches Zeitalter (auch wenn dies manche Autoren wie Alain Badiou (2010) wünschen mögen). Nein – denn wir setzen weiterhin auf den Wettbewerb. Ich bin der Ansicht, dass das Konzept Wettbewerb eine zentrale vermittelnde Rolle zwischen individueller Leistung und Schwarmintelligenz einnehmen kann. Denn Wettbewerb besteht schließlich einerseits darin, dass man auf die Leistungen vieler setzt, die sich gegenseitig Konkurrenz machen und damit dem Wohl aller dienen. Andererseits verlangt dieses Konzept aber gerade auch, Einzelne durch Anreize und Belohnungen, ja, auch exorbitant hohe Belohnungen, zu bestimmten Verhaltensweisen anzustacheln.

Die ethischen Qualitäten des Wettbewerbs liegen in seinen *systemischen* Ergebnissen. Der Wettbewerb ist damit Musterbeispiel für ein Konzept der «System-Ethik». Eine solche existiert bisher nicht oder nur in Ansätzen. Zentral ist für sie die (eher negative) Erkenntnis, dass wir die hochkomplexen sozialen Systeme der globalisierten Welt nicht mehr allein – oder auch nur wesentlich – durch Moral steuern können. Vieles, was gut gemeint sein mag, kommt in hochkomplexen Systemen völlig anders an bzw. wird anders verarbeitet. Dies muss man berücksichtigen, beispielsweise wenn man Vorschläge zur Reform des Bildungswesens macht, denn Systeme wie das Bildungswesen sind so komplex, dass sie sich kaum noch mit gut gemeinten, aber kurzschlüssigen Ratschlägen steuern lassen, «ohne zahlreiche ungewollte Nebenwirkungen zu hinterlassen».

Für Individualethiker ist die These einer System-Ethik schwierig zu akzeptieren. Sie meinen, dadurch ginge der Einzelne unter, bliebe auf der Strecke, oder die Ethik ließe sich nicht mehr den Einzelnen vermitteln. Sie würde die Menschen nicht ansprechen, weil sie deren Erwartungen nicht bediente – Erwartungen, die vermutlich im Horizont der kantischen Frage liegen, die immer noch der Ethik wesentlich zugeordnet wird: «Was sollen wir tun?» Diese Befürchtungen entbehren jeder Grundlage – aber um das zu erkennen, benötigt man ein angemessenes Verständnis von Wettbewerb.

Erst mit Hilfe des Wettbewerbskonzepts, das zentral auf die Förderung von Innovationen ausgerichtet ist, kann man den Einzelnen begreiflich machen, warum ihre moralischen Motivationen, internalisierten Werte oder ethischen Hintergründe zwar sehr ehrenwert sind, aber der Umsetzung in sozialen und ökonomischen Systemen bedürfen: Im Wettbewerb steht jeder, in der einen oder anderen Form. Und von Innovationen hat jeder etwas, auch wenn es nicht jeder zugeben mag. Die Chance besteht aber, dass man sich angesichts einer immer dynamischer und komplexer werdenden Welt dem Problem von Innovationen stärker – und unvoreingenommer – stellen muss.

Das heißt für die Ethik: Ethik darf sich nicht nur als Bremse verstehen. Der Ethik darf es nicht nur um Entschleunigung, um das Kleinhalten, um ein bisschen weniger, um das gesunde Maß und schon gar nicht um das Festhalten an Bewährtem ohne Rücksicht auf Verluste gehen. Wir brauchen eine *Ethik für dynamische Gesellschaften*, wir brauchen eine Ethik, die betont, dass Innovation, Unternehmergeist und Dynamik nicht nur ökonomisch, sondern auch in ethischer Hinsicht wertvoll sind.

Dieser Gedanke ist in der philosophischen Tradition leider nicht sehr häufig angesprochen worden. Die Literaturwissenschaftlerin Sandra Richter sieht das in ihrem kenntnisreichen, auf die Darstellung von Wettbewerb in der Literatur fokussierten Buch «Mensch und Markt: Warum wir den Wettbewerb fürchten und ihn trotzdem brauchen»[13] genauso, wenn sie schreibt: «Philosophie, Ethik, Ideen- und Kulturgeschichte [...] haben sich dem Phänomen des ökonomischen Wettbewerbs kaum gewidmet.» (S. 14)

Dies liegt, wie ich meine, aber nicht nur daran, dass man ein negatives Bild vom Wettbewerb und seinen Leistungen hatte, sondern schlicht daran, dass soziale und ökonomische Probleme generell für viele Theoretiker der Ethik eher eine untergeordnete Rolle gespielt haben und spielen.

Es gibt aber auch andere Beispiele: Im Folgenden werden drei Kronzeugen aus der Philosophie angeführt, deren Analysen zum Thema Wettbewerb weniger bekannt sind, die sich aber grundsätzlich darin einig sind, den Wettbewerb als ein in ethischer Hinsicht positives Werkzeug anzusehen – wenn er mit den geeigneten Regeln versehen ist. Es handelt sich dabei um Bertrand Russell, John Rawls und Otfried Höffe.

Bertrand Russell

Bertrand Russell dürfte einer der produktivsten Philosophen des 20. Jahrhunderts gewesen sein. In seinem 98 Jahre (1872–1970) währenden Leben schaffte er es, zu nahezu allen Gebieten der Philosophie, von den Grundlagen der Mathematik bis hin zu politischer Philosophie und Ästhetik, signifikante Beiträge zu leisten. Er ist darüber hinaus keineswegs verdächtig, den Reichen und Mächtigen das Wort zu reden oder etwa der Ökonomie unkritisch gegenüberzustehen. Vielmehr hat er sich immer wieder öffentlich gegen herrschende Meinungen gestellt, trat etwa während des Ersten Weltkriegs öffentlich für den Pazifismus ein (was ihm sogar einen Gefängnisaufenthalt einbrachte), engagierte sich in den 50er und 60er Jahren gegen die Atomrüstung und vertrat grundsätzlich stark pazifistische und allgemein «linke» Positionen. Nichtsdestotrotz ist es interessant, dass sich Russell ausdrücklich zum Wettbewerb bekennt – und zwar nicht aus ökonomischen, sondern aus ethischen Gründen. So schreibt er etwa 1949 in «Authority and the Individual»:

«Ich glaube nicht, dass normale Menschen ohne Wettbewerb glücklich sein können, denn der Wettbewerb ist schon seit Anbeginn der Menschheit der Ansporn für sehr bedeutende Aktivitäten gewesen. Wir sollten deswegen nicht versuchen, den

Wettbewerb abzuschaffen, sondern uns nur darum kümmern, dass er nicht zu sehr schädigende Formen annimmt.» (S. 18, Übers. d. Verf.).

Im Folgenden führt Russell aus, dass er gegen Formen von primitivem Wettbewerb ist, die sich in reiner Gewalt und in kriegerischen Aktivitäten ausdrücken. Wir bräuchten dagegen ausdrücklich Wettbewerb in Bereichen wie Sport, Literatur, Kunst, aber auch in der Politik – ja, Russell meint sogar, dass hier der Wettbewerb eine zu *kleine* Rolle für die meisten Menschen spiele.

Russell ist einer der wenigen Philosophen, die in der Ethik dem sozialen *System* eine größere Rolle zuerkennen als den Motiven der Einzelnen. Sichtbar wird dies etwa an einem Zitat aus seinem Buch «Human Society in Ethics and Politics» (1954):

«Aber die Liebe zur Macht hat andere Seiten, die wünschenswerter sind. Der Drang nach Wissen wird, wie ich glaube, hauptsächlich durch die Liebe zur Macht in Gang gebracht. Genau wie alle Fortschritte in der wissenschaftlichen Technik. Auch in der Politik kann ein Reformer eine genauso starke Liebe zur Macht haben wie ein Despot. Es wäre völlig falsch, die Liebe zur Macht als Motiv insgesamt abzuwerten. Ob man durch dieses Motiv zu nützlichen Handlungen gebracht wird oder zu verderblichen Handlungen, hängt vom sozialen System ab und von den eigenen Fähigkeiten. Wenn diese Fähigkeiten theoretischer oder technischer Natur sind, wird man zum Wissen oder zur Technik beitragen, und im allgemeinen wird die eigene Aktivität nützlich sein.» (S. 156, Übers. d. Verf.). Das soziale System unterscheidet somit, ob ein bestimmtes Motiv zu ethisch Wünschenswertem oder zu ethisch Schlechtem führt.

Ähnliche Überlegungen stellt Russell zum Wettbewerb an: Russell sieht in uns Menschen «competitive instincts» (Wettbewerbsinstinkte) am Werk, die in bestimmte Bahnen gelenkt werden müssten, dann aber auch positive Wirkungen hervorbrächten:

«Aber obwohl gegen den Wettbewerb, in vielen Ausprägungen, schwerwiegende Einwände vorgebracht werden können, hat er doch, wie ich glaube, eine wesentliche Rolle zu spielen in der Beförderung der notwendigen Anstrengungen, und in manchen Bereichen liefert er ein vergleichsweise harmloses Ventil für die Art von Trieben, die sonst zum Krieg führen würden.» (S. 55, Übers. d. Verf.).

Diese Rolle, die entsprechenden Instinkte zu kanalisieren, sei nicht nur im Sport zu beobachten, sondern sollte auch auf andere gesellschaftliche Bereiche ausgedehnt werden. Nur müsse sichergestellt werden, dass die Strafe für das Versagen nicht die völlige Vernichtung sein dürfe, sondern nur eine, wie Russell es ausdrückt, Einbuße an Ruhm, «loss of glory». Russell verdammt «Katastrophen, wie im Krieg, oder Hunger, wie in unreguliertem ökonomischem Wettbewerb» (Russell 1949, 72, Übers. d. Verf.) – man sieht, er ist gegen den unregulierten Wettbewerb, aber keinesfalls gegen den Wettbewerb innerhalb geeigneter Regeln.[14] Dem großen Philosophen Russell gebührt somit das Verdienst, nicht nur die soziale, sondern auch die Wettbewerbs-Dimension ethischen Handelns erkannt und gewürdigt zu haben.

John Rawls

Mein zweiter Kronzeuge ist der nach Auffassung vieler wichtigste Vertreter der praktischen Philosophie der letzten fünfzig Jahre, der amerikanische Philosoph John Rawls (1921–2002). Rawls ist vor allem bekannt für seine Theorie der Gerechtigkeit, die – grob gesprochen – Gerechtigkeit als Fairness bestimmt und bestimmte Prinzipien aufstellt, die Gesellschaften erfüllen müssen, damit ihre sozialen Ergebnisse als gerecht bezeichnet werden können. Insbesondere hat Rawls versucht zu begründen, weshalb eine Ungleichverteilung von Freiheiten, Rechten und fairen Chancen auch wechselseitig vorteilhaft sein könnte, allerdings nur unter bestimmten Bedingungen.

Die Diskussion über die Rawls'schen Gerechtigkeitsprinzipien hat in der Philosophie in den vergangenen Jahrzehnten äußerst umfangreiche Dimensionen angenommen und kann hier nicht wiederholt werden. Die Rolle des Wettbewerbs für Rawls ist bisher jedoch kaum zur Sprache gekommen. Und hier ist festzustellen, dass der wohl wichtigste Vertreter der Praktischen Philosophie der letzten Jahrzehnte dem Wettbewerb sehr positiv gegenübersteht: Obwohl er in seinem 1971 erschienenen zentralen Werk «Eine Theorie der Gerechtigkeit» die Frage offenlässt, ob Marktwirtschaft oder Sozialismus (Rawls 1971/1993, Kap. 5, etwa 291) als Wirtschaftssysteme besser geeignet sind, liegt ihm die Sicherung von Konkurrenz unabhängig davon sehr am Herzen. Er befürwortet insbesondere – in beiden Systemen – die Einrichtung einer (Allokations-)Abteilung, die Monopole und Protektionismus verhindern soll (Rawls 1971/1993, § 43).

In der neuen, von den Bedingungen sozialistischer Systeme weniger beeinflussten Einleitung der Theorie der Gerechtigkeit heißt es zudem, dass die «... auf Eigentum beruhende Demokratie mit ihrem System von (funktionierenden) wettbewerblichen Märkten versucht, den Besitz an Reichtum und Kapital zu zerstreuen, und damit zu verhindern, dass ein kleiner Teil der Gesellschaft die Ökonomie und indirekt auch das politische Leben selbst kontrolliert.» (Übers. d. Verf.).[15]

Auch zu Einkommen und Gehältern schreibt Rawls, er liefere nur eine Elaboration der bekannten Idee, dass «Einkommen und Löhne gerecht sind, wenn ein (praxisgemäß) *konkurrenzbestimmtes* Preissystem richtig organisiert und in eine gerechte Grundstruktur eingebaut wird» (Rawls 1971/1993, 338; meine Hervorhebung). Man sieht, dass Rawls sich hier ähnlich wie Russell für Wettbewerb innerhalb gerechter Regeln ausspricht (gerechte Grundstruktur). Es gibt somit für Rawls einen engen Zusammenhang zwischen gerechten Regeln und einem Wettbewerb, der zu ethisch erwünschten Ergebnissen führt.[16]

Aber Rawls geht noch weiter: Es ist nicht einfach so, dass der

Wettbewerb erst durch die gerechte Grundstruktur ethisch wünschenswert wird, sondern der Wettbewerb ist für Rawls sogar ein Mittel (neben anderen), um Gerechtigkeit überhaupt zu gewährleisten: «*Sind also die Märkte hinreichend konkurrenzbestimmt und offen*, so liefert der Begriff der reinen Verfahrensgerechtigkeit brauchbare Richtlinien» (Rawls 1971/1993, 344; meine Hervorhebungen) – das heißt, man kann die für Rawls zentrale Idee einer (prozeduralen) Gerechtigkeit genau dann realistischerweise verfolgen, *wenn* Wettbewerb gewährleistet ist.

Generell betont die Rawls'sche Theorie, wie erwähnt, stark den Gedanken des fairen Wettbewerbs. Alle Kandidaten im (insbesondere politischen) Wettbewerb müssen eine faire Chance haben: Sie haben «Konkurrenzrechte» (competition rights) (Rawls 1971/1993, 270, Fn. 23). Interessanterweise steht diesen Konkurrenzrechten auch eine *Pflicht* aller Bürger gegenüber, den Wettbewerb nicht zu blockieren, sondern sich «gewissermaßen politisch fair» (ebd.) zu verhalten. Das heißt: Sich gegen den Wettbewerb zu stellen ist unmoralisch.

Rawls äußert sich zwar selten zu konkreten ökonomischen Themen, aber in einer kleinen Abhandlung zum Thema Werbung wird ebenfalls deutlich, dass er die Aufrechterhaltung des Wettbewerbs als zentral ansieht: Hier spricht er über mögliche regulative Maßnahmen, die Werbung beschränken, und sagt dabei: «Solche Maßnahmen helfen, ein wettbewerbliches und effizientes System von Märkten aufrechtzuerhalten.» (Rawls 1981, 80, Übers. d. Verf.). Zentrales Ziel einer fairen Werbung soll somit auch hier die Aufrechterhaltung des Wettbewerbs sein. Rawls knüpft die Rechtfertigung des Wettbewerbs im Bereich der Werbung an die Vorteile, die allen daraus entstehen – aber wenn eine bestimmte Marktstruktur die erhofften Vorteile nicht erbringen kann, dann sollte Werbung beschränkt werden, wenn auch nur mit dem Ziel, in anderen Bereichen Wettbewerb zu bewahren:

«Ein großer Teil dieser Art von Werbung ist gesellschaftlich unnötig, und eine wohlgeordnete Gesellschaft, die versucht, den Wettbewerb zu erhalten und Fehler des Marktes zu beseitigen, würde vernünftige Wege suchen, sie zu begrenzen. Die Mittel, die gegenwärtig in die Werbung fließen, können für Investitionen oder andere nützliche soziale Zwecke freigesetzt werden» (Übers. d. Verf.).[17]

Schließlich weist Rawls noch auf eine mögliche negative Wirkung des Wettbewerbs hin: den Neid. Die Verlierer im Wettbewerb könnten die Gewinner regelmäßig beneiden, und dieser Neid könnte in der Praxis destruktiv werden. Den Neid kann somit auch die beste Theorie der Gerechtigkeit nicht aus der Welt schaffen – aber damit müssen wir wohl leben.

Otfried Höffe

Kronzeuge Nummer drei schließlich stammt aus der deutschen Tradition: Der renommierte Rechts- und Sozialphilosoph Otfried Höffe, dessen Bücher über Demokratie, Gerechtigkeit und Politik Standardlektüre in der deutschen Philosophie sind, erkennt dem Prinzip Wettbewerb ebenfalls einen zentralen Rang zu: Er stellt ganz ausdrücklich auch die nicht-ökonomischen Vorteile des Wettbewerbs heraus, wenn er schreibt, «schon die Zusammenarbeit, noch deutlicher der Wettbewerb, stacheln nun zu Kreativität, Wagemut und Anstrengung an, dabei auch zu intellektuellen Mühen, bis hin zu dem, was Hegel die ‹Anstrengung des Begriffs› nennt. *Nicht bloß Ökonomen plädieren für einen starken Wettbewerb*. Weil er generell dafür sorgt, dass die Kreativitätskräfte lebendig bleiben, setzt sich auch Kant für den Wettbewerb ein (…). Der Markt fördert, indem er sie fordert: Eigenverantwortung, Leistungswillen, bedarfsgerechtes Angebot und wirksame Zuteilung. (…) wie die Rechts- und Verfassungsordnung, so stimuliert auch der Wettbewerb eine zwar nur formale, aber umso wichtigere Zukunftsfähigkeit.» (Höffe 2009, S. 248 f., meine Hervorhebungen, CL).

Das heißt zum einen: Man kann auch aus einer nicht-ökonomischen Sicht für den Wettbewerb sein, wenn man generell Innovationen und Zukunftsfähigkeit positiv gegenübersteht. Und das weist zweitens auf etwas hin, was ich hier nur anreißen kann: Auch die wohl berühmtesten Vertreter der deutschen Philosophie lassen sich als Kronzeugen zumindest für bestimmte Ausprägungen des Wettbewerbskonzepts ins Feld führen. Sowohl Hegels Rechtsphilosophie als auch Kants «Idee zu einer allgemeinen Geschichte in weltbürgerlicher Absicht» enthalten Gedanken, in denen der Wettbewerb eine wichtige positive Rolle spielt.[18]

Schließlich sagt Höffe auch, was Gerechtigkeit, und zwar insbesondere ökonomische Gerechtigkeit, heißen kann: Wettbewerbsverzerrungen zu beseitigen und zu verhindern. Höffe schreibt, Wagnisse und Anstrengungen seien «einer natürlichen Trägheit abzuringen». Und die weitergehende Form einer «aufgeklärte(n) Trägheit» versuche immerhin, «Wagnis und Anstrengung zu verringern, deshalb den Wettbewerb zu verzerren. Auf dem im empirischen Sinn freien, sich selbst überlassenen Markt sind Wettbewerbsverzerrungen daher so gut wie unvermeidbar. Die Gerechtigkeit, die sich dem widersetzt, kann ökonomische Gerechtigkeit heißen.» (Höffe 2001, 104).

Dass somit das Ziel von Gerechtigkeit die Beseitigung von Wettbewerbsverzerrungen, nicht aber die Beseitigung oder auch nur die Verringerung des Wettbewerbsdrucks sein sollte, das sollte in der öffentlichen Diskussion über Fragen von Ethik und Politik stärker berücksichtigt werden.

Innovation durch Unternehmergeist oder durch Regeln?

So weit einige Stellungnahmen aus der Ethik. Aber wie steht es mit der ökonomischen Seite? Würde man einem prominenten Ökonomen glauben, etwa Frank H. Knight (1885–1972), so wäre der Wettbewerb für Verbesserungen in Sachen Ethik nicht geeignet. Knight schrieb 1923 in einem Artikel «The Ethics of Competition», es gebe wohl keine ethische Basis, um den Wettbewerb zur idealen Grundlage menschlicher Interaktionen zu erheben. Der Wettbewerb sei zwar sehr effizient, aber weder mit einem «Pagan ideal of society as a community of friends or the Christian ideal of spiritual fellowship» (Knight 1923/1997, 66) zu vereinbaren. Knight geht allerdings von einem relativ engen Begriff von Wettbewerb aus, der sich ausschließlich auf die materielle Bedürfnisbefriedigung durch traditionelle Gütermärkte bezieht.

Die moderne Ökonomik hat sich dagegen von diesem Verständnis sehr weit entfernt. Ein wichtiges Element dabei ist der sogenannte «offene Vorteilsbegriff»: Unter Vorteilen werden nicht mehr nur monetäre oder auch nur materielle Güter verstanden. Stattdessen sind Vorteile alles das, was Individuen als Vorteile *ansehen*. Dazu können gerade auch immaterielle Dinge wie Gesundheit, Muße oder ein wie auch immer geführtes «gutes Leben» zählen. Entscheidend ist dabei aber: Alle diese Dinge werden zu Elementen in der jeweiligen Nutzenfunktion – und sie werden maximiert. Dann sind sie aber durchaus mit ethischen Idealen zu vereinbaren – oder noch deutlicher: Ihre Verfolgung im Rahmen des Wettbewerbs bietet ethische Vorteile.

Aber worin liegen denn nun die – nicht nur behaupteten, sondern auch tatsächlich belegbaren *und ethisch* relevanten – Vorteile des Wettbewerbs für alle Beteiligten?

Ich werde mich hier zunächst auf einen dieser Vorteile konzentrieren: Die Fähigkeit, Neues hervorzubringen, den Druck zur Innovation. Der Wettbewerb ist ein «Entdeckungsverfahren», wie ihn Hayek (1968/1994) bezeichnete. Der Wettbewerb zwingt die Anbieter dazu, ständig innovative Produkte hervorzubringen und sich nicht auf ihren Lorbeeren auszuruhen. Das ist nichts Neues, sondern gilt in der Ökonomik seit langem als Standard. In den letzten Jahren jedoch ist die Rolle des Unternehmers, des Entrepreneurs, von Seiten der Ökonomen stärker herausgestellt worden. So sagt etwa einer der wichtigsten ökonomischen Theoretiker des Entrepreneurship, William Baumol, wir könnten einen großen Teil des historischen Wachstums des Westens nicht verstehen, wenn wir die Rolle des Unternehmers ignorierten (Baumol 2002, 59). Auch früher schon sprach Joseph Schumpeter (1912/1952) vom dynamischen Unternehmertyp, der in den jüngsten Jahren eine Renaissance erfährt.

Allerdings darf man diese These nicht missverstehen: Gerade in ihrer neueren Ausprägung sagt sie nicht, Unternehmer seien ein bestimmter Menschenschlag, über den eine Gesellschaft entweder verfüge oder nicht verfüge, wovon dann der Erfolg oder Misserfolg ganzer Volkswirtschaften abhänge. Vielmehr sagt die neuere Theorie gerade, dass die Regeln und Anreize das Verhalten von Unternehmern maßgeblich steuern und beeinflussen und dass diese Regeln sich im Laufe der Geschichte massiv verändert haben. Baumol drückt es so aus:

«Meine zentrale Hypothese ist, dass es die Regeln und nicht das Angebot an Unternehmern sind, die sich von einer Epoche zur anderen signifikant verändern und den letztlichen Effekt auf die Ökonomie durch die Allokation unternehmerischer Ressourcen beeinflussen.» (Baumol 2002, 61, Übers. d. Verf.).

Der Unternehmergeist ist also kein individuelles Genie, das aus dem Nichts kommt, sondern er ist eine Größe, die von anderen Faktoren abhängt: Die Regeln beeinflussen Kreativität und unsere Fähigkeit, als Gesellschaft Neues hervorzubringen.

Als Beispiele können nun jene Fälle dienen, in denen Wettbewerb erst eingeführt wurde, in denen neue Regeln ein Aufbrechen verkrusteter Strukturen bewirken und Kreativität und Unternehmergeist nachhaltig stimuliert haben.

Beispiele

1. Arbeitnehmerfreizügigkeit in Europa

Im Zuge der europäischen Einigung hatte es in früheren Jahren bereits zahlreiche Fortschritte im Hinblick auf die freie Wahl eines Beschäftigungsortes innerhalb der Staaten der Europäischen Gemeinschaft, später der Europäischen Union gegeben. Besonders relevant wurde das Thema jedoch nach der Osterweiterung der EU ab dem Jahr 2004, als in einigen EU-Ländern (insbesondere Deutschland und Österreich) die Befürchtung umherging, mit den neuen Mitgliedern aus Mittel- und Osteuropa könne es zu «schwerwiegenden Störungen auf dem Arbeitsmarkt» kommen. Deutschland und Österreich beschlossen daraufhin, die Arbeitnehmerfreizügigkeit erst zum 1. Mai 2011 vollständig einzuführen.

Tatsächlich haben sich die Befürchtungen in keiner Weise erfüllt. Stattdessen wirkt das Angebot an Arbeitskräften aus den Beitrittsländern – trotz mancher Probleme an einzelnen Stellen – dem Arbeitskräftemangel in einer ganzen Reihe von Branchen entgegen. Das betrifft sowohl klassische Industriebranchen wie die Bauwirtschaft, aber auch gerade Dienstleistungen, etwa in den Bereichen Pflege, Hauswirtschaft sowie Hotels und Gaststätten.[19] Tatsächlich passiert das, was nach der Theorie auch hätte passieren müssen: Unternehmerische Kreativität wird stimuliert, um neue Konkurrenz auf festgefahrenen Märkten einzuführen.

Besonders hervorheben möchte ich den Pflegesektor. Hier sind in den vergangenen Jahrzehnten die Kosten für Pflege in einer Weise explosionsartig gestiegen, die nicht allein durch die verlängerte Lebensdauer sowie die Überalterung der Bevölkerung erklärbar ist. Stattdessen haben sie massiv zu tun mit einem Mangel an Angebot und Konkurrenz auf dem Pflegemarkt. Die neue Arbeitnehmerfreizügigkeit verändert diese Lage. Natürlich ist niemand gezwungen, Pflegekräfte aus anderen Ländern zu beschäftigen, aber Fakt ist, dass allein durch das Angebot an neuen Kräften die Anbieter auf dem Pflegemarkt unter Druck geraten und sich, wenn sie ihre Preise halten wollen, mit entsprechenden Verbesserungen des Service, der Qualität oder anderer Faktoren beschäftigen müssen. Natürlich ist es sinnvoll, wie auch in anderen Märkten einen gewissen Mindeststandard für Pflegequalität festzulegen. Aber jenseits dieses Mindeststandards muss es (und wird es) wie auf anderen Märkten Spielraum geben, und preisbewusstes Verhalten wird ermutigt – was nicht das Gleiche ist wie Geizkragenmentalität oder Suche nach dem billigsten Angebot. Den Nachweis jedenfalls, dass Wettbewerb die Qualität im Pflegesektor allgemein senkt, sind die Gegner des Wettbewerbs bisher schuldig geblieben. Ausführlicher komme ich darauf in Kap. 6 zurück.

2. Lockerung des Ladenschlusses

Heute mag man sich dessen kaum noch erinnern, obwohl es noch nicht lange her ist: Bis 1996 galt in Deutschland wochentags ein gesetzlicher Ladenschluss um 18.30 Uhr, samstags um 14 Uhr. Diese geradezu irrwitzig restriktive Regelung war erst in den 1950er Jahren und ausgerechnet unter Ludwig Erhard eingeführt worden, vorgeblich (und vielleicht sogar guten Glaubens) mit dem Ziel, die Rechte von Arbeitnehmern zu stärken.[20] Die Gegner der Liberalisierung argumentierten damals (und auch später noch) angesichts möglicher weiterer Liberalisierungen, eine weitere Freigabe würde doch nur den Großkonzernen dienen und niemandem sonst.

Tatsächlich aber lässt sich belegen, dass auch Arbeitnehmer von einer größeren Flexibilisierung durchaus profitieren. Die zusätzliche zeitliche Flexibilität ist, angesichts immer stärker differierender Arbeitszeitmodelle und Arbeitsbiografien, auch von Vorteil für Arbeitnehmer. Gerade Eltern und Alleinerziehende wünschen sich oft eine viel stärkere Flexibilisierung ihrer Arbeitszeiten, sowohl in Industrie und Dienstleistung als auch im Handel. Und sie werden von den in manchen Bundesländern immer noch sehr restriktiven Regelungen in ihren berechtigten Anliegen schlechtergestellt. Dass die Konsumenten von einer flexibleren Ladenöffnung profitieren, dürfte sich von selbst verstehen, auch eine Entzerrung der Kundenströme wird durch flexiblere Zeiten massiv befördert. Man erinnere sich nur des vor 1996 regelmäßig anstehenden Ansturms in den Innenstädten zwischen 18 und 18.30 Uhr sowie vor 14 Uhr am Samstag. Welch ein Irrsinn! Und eine Entschleunigung beim Shopping müssten eigentlich auch Marktkritiker als ethische Verbesserung ansehen.

3. Beispiel: Autobahnen in Frankreich

2005 hat die französische Regierung gegen heftige Proteste einen Teil des Autobahnbetriebs in Frankreich privatisiert. Es wurden nicht die Straßen selbst in private Hand gegeben, sondern nur ihr Betrieb. Mehrere Bieter konkurrierten um die Zuschläge für den Betrieb der Autobahnen, und sie setzten dabei vor allem auf Vorsprung durch bessere Qualität. Nach Jahren der privaten Bewirtschaftung kann allgemein gesagt werden, dass die privat betriebenen Autobahnabschnitte in besserem Zustand sind als die staatlicherseits verwalteten. Dabei geht es nicht nur um Annehmlichkeiten, die man als zusätzlichen Luxus hinstellen kann, sondern um handfeste Vorteile wie die Verringerung von Staus und eine gute Reisesicherheit.[21]

4. Beispiel: Bahnhofstoiletten

Es fällt beinahe schwer, sich an den Zustand deutscher Bahnhofstoiletten (und anderer öffentlicher Toiletten) vor ihrer Privatisierung zu erinnern – aber er war ausgesprochen schlecht. Auch gegen diesen Verkauf an Private gab es seinerzeit viel Widerstand. Heute dürften die Vorteile, die man für einen kleinen Betrag von 50 Cent oder 1 Euro erkauft, wohl einleuchten: Sauberkeit, Sicherheit, Hygiene und Service.

Die Liste der Beispiele ließe sich beliebig verlängern. Zur ethischen Rolle des Wettbewerbs gehören aber nicht nur gelungene Praxisbeispiele. Was haben denn, neben Philosophen, andere Denker über den Wettbewerb geäußert?

Goethe und die Ökonomie

Viele prominente deutsche Literaten haben sich mit Ökonomie und Wettbewerb recht schwer getan. Thomas Mann ist hier eine rühmliche Ausnahme: In «Joseph, der Ernährer» beschreibt er den Typus des «Ehrbaren Wirtschaftspolitikers» als Zielvorstellung. In diesem Buch geht es um den biblischen Joseph, der schließlich, am Ende des vierbändigen Romanzyklus «Joseph und seine Brüder», Ägypten für den Pharao verwaltet. Und das tut er durch «ein zusammengesetztes System von Ausnutzung der Geschäftslage und Mildtätigkeit» (Mann 1943/2004, 308). Er lässt für Notzeiten riesige Vorräte an Saatgut ansammeln, die dann einerseits an Arme kostenlos verteilt, anderseits an Reiche verkauft werden, «nicht ohne ihnen zur Auflage und Bedingung zu machen, daß sie ihr Bewässerungssystem auf die Höhe der Zeit brächten und es nicht länger in feudaler Rückständigkeit dahinschlampen ließen» (ebd., 310). Ökonomie und Ethik werden hier aneinandergekoppelt. Und es heißt gegen Ende des Romans, dieser biblische Joseph sei «kein Gottesheld und kein Bote geistlichen Heils, sondern […] nur ein Volkswirt» (ebd., 410). Ein wirtschaftsethisch gebildeter Volkswirt, diesen Zusatz erlaube ich mir, ist eine schöne Zielvorstellung.

Ein weiterer Name muss genannt werden, der ebenfalls seine ganz eigene – und teilweise eher ungewöhnliche – Beziehung zur Ökonomie hatte: Goethe. Der Weimarer Dichterfürst nimmt unter den deutschen Dichtern in dieser Hinsicht eine besondere Stellung ein: Während andere Klassiker, von Schiller über Hölderlin, Wieland, Kleist u. a., sich mit den ‹niederen› Fragen der Wirtschaft eher selten, wenn überhaupt, auseinandersetzten, interessierte sich Goethe nicht nur privat für das Ökonomische,[22] sondern verarbeitete es auch in seinen Werken, allen voran in «Faust» (insbesondere Teil II):

Im ersten Akt des «Faust II» steht ein Schwindel mit Papiergeld im Mittelpunkt: Mephistopheles bringt einen Kaiser dazu, seine Schulden mit ungedecktem Papiergeld zu bezahlen. Der Schwindel fliegt schließlich auf, und Faust und Mephisto müssen den Hof eiligst verlassen. Aus heutiger Sicht wirkt dieser Akt – jedenfalls bei oberflächlicher Betrachtung – wie ein Kommentar zur Finanzkrise. Auch das Deichprojekt im 5. Akt, mit dessen Hilfe der alte Faust dem Meer Land abgewinnen will, ist deutlich ökonomischer Natur.

Auch in anderen Werken, so etwa in «Wilhelm Meisters Lehrjahre» sowie in den «Wanderjahren», behandelt Goethe Fragen von Agrarwirtschaft, Landbesitzrechten, Beginn der Industrialisierung und Geldtheorie. Tatsächlich hatte Goethe viele ökonomische Klassiker gelesen, und zwar nicht nur die Physiokraten, die Reichtum ausschließlich auf Landwirtschaft zurückführten, sondern auch Adam Smith als Begründer der modernen Ökonomik. Und er wandte sein Wissen auch praktisch an, einerseits um persönlichen Reichtum anzuhäufen – den er aber deutlich nicht nur um seiner selbst willen vermehrte, sondern um am gesellschaftlichen Leben seiner Zeit in einer Weise teilzuhaben, die sonst Dichtern und Schriftstellern damals nicht möglich gewesen wäre. Auch dadurch erhielt Goethe ganz andere neue Anregungen, die sein Werk in mancher Hinsicht reicher als das von Zeitgenossen, aber auch späterer Literaten werden ließen.

Außerdem war Goethe als Wirtschafts- und Finanzpolitiker für das verschuldete Herzogtum Sachsen-Weimar tätig, dessen Schulden er zumindest nicht ansteigen ließ, dem er massive Sparmaßnahmen verordnete und so auch dem Herzog neue Schlossbauten ermöglichte.

In seiner privaten Ökonomie war Goethe sogar so gewitzt, dass er sein Versepos «Hermann und Dorothea» mit Hilfe eines raffinierten ökonomischen Auktionsverfahrens an seine Verleger versteigerte, die in verschlossenen Umschlägen Gebote einreichen mussten. Weit davon entfernt, den Wettbewerb zu verurteilen, verstand Goethe, ihn für seine Zwecke einzusetzen.

Zweifellos muss man einschränkend hinzufügen: Goethe war nicht in jeder Hinsicht der modernen Ökonomie zugetan. Vermutlich trug die Beschäftigung mit den Physiokraten eher dazu bei, dass er eine sehr konservative Sicht auf Wirtschaft vertrat, die tendenziell dem Kapital und seiner Funktion misstraute, und stattdessen die Realwirtschaft als einzige Quelle von Wohlstand ansah. Er lehnte das Schuldenmachen ab. Gustav Seibt schreibt in seiner Rezension von «Goethe und das Geld»,[23] Goethe sei «bürgerlich in einem handfesten, ehrenhaften Sinn» gewesen, und ergänzt sogar: «das sollte wieder modern werden» – dem kann man aber allenfalls auf einer sehr abstrakten Ebene folgen.

Ein Zurück zur physiokratischen Ökonomie, die ausschließlich auf Realwirtschaft setzt und Finanzmärkten grundsätzlich misstraut oder ihnen die Legitimation abspricht, ist heute aus vielen Gründen überholt, trotz der Finanzkrise. Finanzmärkte haben ihre Funktion, sie dienen der Beschaffung von Wagnis- und Risikokapital, sie begrenzen Risiken (wenn sie gut funktionieren), und sie erlauben es prinzipiell, aus zukünftigen Entwicklungen und Projekten bereits jetzt Gewinne zu machen. Dass Goethe dies zu seiner Zeit noch nicht in vollem Umfang sah, ist verzeihlich. Es passt zu seinem grundsätzlichen Verhältnis zu den Wissenschaften: Auch hier hatte Goethe seine manchmal gut, häufiger aber eher weniger gut begründeten Vorbehalte gegen etablierte Wissenschaften, was sich etwa in seiner Befürwortung der Farbenlehre, des Holismus in den Wissenschaften sowie dem Vorrang der sinnlichen Beobachtung niederschlug. Goethe ging seinen eigenen Weg, zweifelsohne, aber dieser war immerhin (auch in der Ökonomie) oft deutlich fortgeschrittener als der seiner zeitgenössischen Literaten-Kollegen.

Kapitel 3

Ist das Leben eine Wippe? Nullsummendenken und Mäßigung

Die philosophischen und ethisch-ökonomischen Bezüge des Konzepts Wettbewerb habe ich nun hergestellt. Ich halte fest: Wettbewerb hat viele positive Seiten, wenn er innerhalb der geeigneten Regeln stattfindet; er kann jedoch auch unproduktiv sein, wenn die Regeln falsch gesetzt sind. Es geht mir aber nicht nur um einen Saldo der positiven und negativen Seiten, sondern um eine weitergehende These, die lautet:

Der weithin zu hörende ethische Ruf nach Mäßigung ist angesichts des globalen Wettbewerbs falsch und kontraproduktiv. Er entspringt einer überholten Vorstellung, in der Gesellschaft als Nullsumme gedacht wird. Das Leben sei danach wie eine Wippe, in der einer notwendig am Boden liege, wenn sein Gegenüber oben sei.

Ich werde zunächst die Mäßigung näher beleuchten, um dann auf das ursächliche Nullsummendenken einzugehen.

«Mäßigt euch!» wird allerorten als Devise ausgegeben. Maßvoll bleiben, maßvoll handeln, sich bescheiden, seine Grenzen kennen – das wird in der öffentlichen Diskussion von vielen Autoren eingefordert. Es ist kein neuer Ruf, sondern einer, der historisch weit zurückreicht. Aristoteles geißelte die *Pleonexia*, das Mehr-Haben-Wollen. *Temperantia* (*sophrosyne*) ist eine von Platons Kardinaltugenden – allerdings: Platon sieht in seiner ursprünglichen Lehre der Kardinaltugenden das Maßhalten als Tugend des *niedersten* Standes in dem von ihm entworfenen Idealstaat an. Für die oberen Stände gelten dagegen die Kardinaltugenden Weisheit und Tapferkeit. Mäßigung wird somit ursprünglich den «Niederen» zuerkannt. In der christlichen Fortführung platonischer Ideen übernimmt die Mäßigung/*Temperantia* dennoch eine zentrale Rolle, wobei man auch hier einschränkend hinzufügen muss: im Neuen Testament ist sie nicht in dieser Form, als Teil eines Tugendkomplexes, enthalten.

Andere Ausprägungen dieser Lehre sind vor allem die *Mesotes*-Lehre des Aristoteles (die Lehre von der richtigen Mitte), das Zinsverbot und die Vorstellung eines gerechten Preises. Die *Mesotes*-Lehre wird immer wieder als ethisch wünschenswert hingestellt: Es klingt ja auch plausibel, dass man zwischen den Extremen Tollkühnheit und Feigheit am besten in der Mitte tapfer sein sollte. Allerdings weise ich darauf hin, dass die Demokratie für Aristoteles ebenfalls ein Extrem darstellte und er stattdessen für die sogenannte «Politie» plädierte, die nur einige demokratische Elemente enthalten sollte, sowie darüber hinaus aber einige oligarchische. Eine direkte Übertragung der Vorstellungen des Aristoteles auf heute ist schon in dieser Hinsicht kaum möglich.

Zinsverbot und gerechter Preis sind beides Konzepte, die aus der Lehre von der Mäßigung entspringen. Das Zinsverbot findet sich sowohl in der Bibel als auch in den aristotelischen Schriften, danach konnten nur Angehörige anderer Gruppen (insbesondere die Juden) Zins nehmen und erhalten. Das Zinsverbot findet sich auch in anderen Kulturen, insbesondere im Islam, der bis heute ein islamisches Bankensystem kennt, das – zumindest offiziell – auf Zinsen verzichtet (aber stattdessen einige Arten von Gebühren erhebt).

Die Vorstellung eines gerechten Preises findet sich ebenso seit der Antike immer wieder, etwa bei Thomas von Aquin und anderen. Gesucht wurde und wird nach einem rational zu begründenden Preis, der sich vom Marktpreis unterscheiden soll. In den Rufen nach gerechten Preisen (was nicht das Gleiche wie der ‹faire› Preis ist) sowie in der Forderung nach ‹Preisen, die die

Wahrheit sagen› findet sich diese Vorstellung bis heute verkörpert. Wir lebten in einer «Welt des Maßlosen» (Precht 2010, 392).

Woher kommt dieser so verbreitete Ruf nach Mäßigung? Handelt es sich um eine anthropologische Konstante, um etwas, was zum Menschsein dazugehört? Müssen wir, um Menschen zu sein, uns mäßigen – so wie es in Macbeth heißt: «I dare do all that may become a man. Who dares do more is none»?[24]

Sozialwissenschaftliche und historische Hintergründe der Mäßigung

Die Mäßigung ist keine menschliche Konstante, sondern Folge bestimmter sozialer und ökonomischer Situationsbedingungen. Das beginnt mit einer evolutionären Prägung des Menschen auf die Bedingungen einer Subsistenzwirtschaft. In einer Wirtschaft, die gerade genug lieferte, um auf einem Existenzminimum überleben zu können, und in der jederzeit die Gefahr von Missernten zu massivsten Existenznöten führen konnte, haben die Menschen den größten Teil ihrer Vergangenheit verbracht. Moralische Intuitionen sind in dieser Zeit entstanden, die auf die Reduzierung von Verlusten, nicht aber auf das Erlangen zusätzlicher Gewinne ausgerichtet sind. Es war nicht wesentlich, in Zeiten des Überflusses zusätzliche Güter zu horten oder zurückzulegen (da viele dieser Güter ohnehin nicht konservier- oder lagerfähig waren), aber es war sehr wohl wesentlich, dass in den früher immer wiederkehrenden Notzeiten das Subsistenzniveau wieder erreicht wurde. Bereits die *biologische* Evolution liefert somit eine Erklärung für «moralische» Anti-Wettbewerbs- und Anti-Marktwirtschafts-Haltungen.[25]

In der *kulturellen* Evolution ist die Mäßigung als Tugend entstanden in Reaktion auf eine gesellschaftliche Situation, in der der Gewinn des einen zwangsläufig der Verlust eines anderen ist. Deutlicher kann man es nicht ausdrücken als jener Giovanni Rucellai, ein erfolgreicher Florentiner Kaufmann des 15. Jahrhunderts: «Indem ich reich bin, mache ich andere, die ich vielleicht gar nicht kenne, arm.» Dahinter steht eine gesellschaftliche Situation, die über den allergrößten Teil der Menschheitsgeschichte vorherrschend war, eine Situation ohne dauerhaftes signifikantes Wachstum über längere Perioden hinweg.

Die Wirtschaftsgeschichte kann dies im Detail belegen: Bis weit in die Frühe Neuzeit hinein, oft sogar deutlich länger, waren menschliche Gesellschaften nahezu durchweg *Nullsummengesellschaften*. Ein Blick auf das weltweite Wirtschafts- und Einkommenswachstum der letzten 1000 Jahre macht die Einzigartigkeit unserer Situation seit dem 18. Jahrhundert (und insbesondere seit Beginn der Industrialisierung) deutlich: Seit etwa 200 Jahren verfügen die klassischen Industrieländer über ein durch alle Krisen hinweg stabiles durchschnittliches Einkommenswachstum von 1,5 Prozent (McCloskey 2006). Das klingt zwar zunächst nach nicht viel, ist aber über 200 Jahre hinweg historisch völlig ohne Beispiel. Und das Bruttoinlandsprodukt pro Kopf wuchs dort ebenfalls in drastischem Maße:

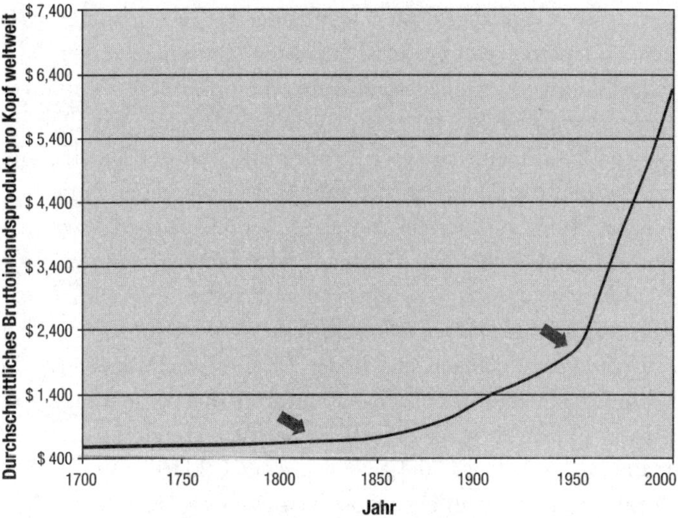

Die Grafik macht deutlich, wie die Menschheit vor der um 1820 einsetzenden Industriellen Revolution in der Nullsummenfalle gefangen war. Dies hat vielfältige Ursachen, aber eine zentrale ist die, dass man dem Wettbewerb nicht ausreichend Raum ließ.

Interessanterweise ist die vielleicht einzige historische Ausnahme von der Nullsummenfalle das Römische Reich: Dem Römischen Reich gelang es über viele Jahrzehnte, vielleicht sogar Jahrhunderte hinweg, ein einigermaßen stabiles Wirtschaftswachstum aufzuweisen. Und tatsächlich schlug sich dies auch im römischen Denken nieder: Es war Cicero, der in «De Officiis» (I, 150f.) dem Großhandel – ganz gegen sonstige Traditionen des ethischen Denkens – eine positive Bewertung zukommen ließ:

«Zu der Frage, welche [Erwerbszweige] dem freien Manne angemessen sind, welche dagegen als schmutzig zu bezeichnen sind, gilt als herkömmlich etwa Folgendes: Erstens werden alle diejenigen Gewerbe als verpönt angesehen, die wie das der Zöllner und Wucher nur darauf hinauslaufen, sich bei den Mitmenschen verhasst zu machen. Als unedel und unsauber gilt ferner der Erwerb aller ungelernten Tagelöhner. […] Zu den schmutzigen Geschäften rechnet man auch den Zwischenhändler. […] Alle Handwerker fallen auch unter die unsaubere Zunft, was kann schon eine Werkstatt Edles an sich haben? Am allerwenigsten kann man sich einverstanden erklären mit Berufen, die nur sinnlichen Genüssen dienen: ‹Heringsbändiger, Fleischer, Köche, Hühnermäster, Fischer›. […] Der Kleinhandel ist zu den unsauberen Geschäften zu rechnen, *während der kapitalkräftige Großhandel, der die Verbrauchsgüter aus aller Welt ehrlich den Massen zugute kommen lässt, durchaus untadelhaft ist.*»

Diese Ausführungen sind in der Tat untypisch für die Ethik, wird doch gerade der «Großkapitalist» hervorgehoben und positiv gewürdigt gegenüber dem kleinen Händler oder dem Handwerker – jenen, die sich mäßigen. Erklärbar ist das nur durch die offensichtlichen positiven Wirkungen, mit welchen der Wettbewerb in der römischen Zeit zumindest teilweise zu wechselseitig positiven Wirkungen führte. Damit wird auch deutlich, dass das Bild der antiken Wirtschaft viel farbiger war als oft gezeichnet.

Nach dem Niedergang des weströmischen Reiches dauerte es jedoch über 1000 Jahre, bis der Westen allmählich die Nullsummengesellschaft zu überwinden anfing. Diese Entwicklung begann – wie die Wirtschaftshistorikerin Deirdre McCloskey (2006; 2010) ausführlich nachzeichnet – in der Frühen Neuzeit, und zwar vor allem in den aufstrebenden neuen bürgerlichen Gesellschaften der Niederlande und Englands. Für diese Entwicklung sind aber die Handelskaufleute, die Bourgeoisie, nicht allein verantwortlich, sondern sie wurden durch den verschärften Wettbewerbsdruck zu Innovationen gezwungen. Und gleichzeitig wurden sie von der Politik in ihren Ländern unterstützt und nicht behindert. Während in großen Teilen des Heiligen Römischen Reiches oder auch im merkantilistischen Frankreich das Bürgertum weiterhin mit vielerlei Beschränkungen kämpfen musste, erhielt die Bourgeoisie gerade in den Niederlanden und England nicht nur Schutz vor staatlicher Ausbeutung, sondern vor allem auch soziale Akzeptanz: Sie erhielt Würde.[26] Sie wurde gesellschaftlich anerkannt und ernst genommen – sie wurde zu einem eigenen Stand, der sich nicht in die alte Dreiständeordnung einfügen konnte und wollte. Vor allem aber schaffte sie es, im Laufe der Zeit durch ihre Innovationen und den Wettbewerb um Kunden auch die Situation der weniger Begüterten zu verbessern, zuerst um 100 Prozent, auf die Dauer um 900 Prozent, dann 1500 Prozent, und noch weiter bis zu den circa. 100 Dollar am Tag, die wir heute verzeichnen (vgl. McCloskey 2010, 25). Die positive Summe wurde allmählich entwickelt und stabilisiert.

Aber die Nullsummenrhetorik von Politikern und anderen Personen des öffentlichen Lebens hielt an. Die Politik hat schon damals, wie auch zum Teil bis in die jüngste Zeit, den Wettbewerb gern als Nullsummenspiel hinzustellen versucht und den internationalen Wettbewerb – eben gerade nicht als Wettbewerb, sondern als – Wettlauf, bei dem am Ende nur einer gewinnt.

In dieser Weise findet sich die Nullsummenmetapher etwa bei Daniel Defoe,[27] aber auch in der Form des nachholenden (und durch Protektionismus zu sichernden) Wettlaufs im deutschen Sprachraum bei Friedrich List oder Gustav Schmoller: Beide befürworteten einen merkantilistischen Schutz noch junger Industriezweige im Preußen des 19. Jahrhunderts, weil sie meinten, später auf den Markt tretende Länder benötigten ebenso lange zur wirtschaftlichen Entwicklung wie die bereits etablierten.[28] Sie sahen die Entwicklung im Nullsummenhorizont und unterschätzten die Dynamik durch Wechselwirkungen zwischen alten und neuen Playern. Wie McCloskey (2010, 114, Übers. d. Verf.) treffend bemerkt: «Aber frühere und spätere Starts im Wettlauf sind unerheblich in einer Welt, in der Menschen einander zuhören und lernen können. Sie können quer über die Rennstrecke abkürzen oder ein Taxi zur Spitze des Marathons nehmen.»

Auch eine Reihe prominenter Wirtschaftstheoretiker des 20. Jahrhunderts haben ein Nullsummenbild der Ökonomie gezeichnet, so etwa Lester Thurow (1980). Dieses Bild ist bis in die Populärkultur hinein vorgedrungen, wenn in dem wohl bekanntesten Hollywood-Film zu Aktien- und Finanzmärkten, *Wall Street* (1987), Regisseur Oliver Stone den ‹Börsenhai› Gordon Gekko die Marktwirtschaft ein Nullsummenspiel nennen lässt. Auf die Frage «Wieviel ist genug?» sagt Gekko:

«Das Ganze ist ein Nullsummenspiel. Was der eine gewinnt, muss der andere verlieren. Das Geld wird doch nicht nur geschaffen oder verloren, es wechselt doch nur von einem Besitzer zum anderen.» (Übers. d. Verf.)

Tatsächlich aber hat die ökonomische Logik, Kostenunterschiede und Preisunterschiede wahrzunehmen, Skaleneffekte zu nutzen, Ressourcen und Güter aus wenig geschätzten Nutzweisen auf hoch geschätzte umzuschichten, die Situation aller verbessert. Wie McCloskey es formuliert:

«Wir sollten uns selbstverständlich über die Verteilung des Einkommens Gedanken machen, aber die historische Evidenz zeigt, dass die Gewinne auf lange Sicht auch bei den sehr Armen ankommen durch den Wettbewerb zwischen Unternehmen» (McCloskey 2010, S. 83).

Wir spielen dann nicht mehr ein Win-Lose-Spiel (wie in der vormodernen Zeit), wir spielen aber auch kein pures Win-Win in der Moderne, sondern ein «Win-Win-Win-Win-Win-Lose» Spiel (McCloskey 2010, S. 79). Das heißt: In der Positivsummensituation gibt es zweifellos auch Verlierer. Nicht jeder kann in jeder Situation gewinnen. Wer seinen Arbeitsplatz verliert, egal, wie gut es der Wirtschaft geht, hat zunächst mal einen Nachteil, der nicht zu bestreiten ist. Aber: Auch dieser Nachteil wird in einer hinreichend wettbewerblich organisierten Wirtschaft kompensiert, durch Möglichkeiten, eine neue Arbeit zu finden, die besser sind als in einer nicht marktlich organisierten Gesellschaft (etwa einem unzureichend marktlich verfassten Arbeitsmarkt). Das Leben ist keine Wippe – auf diese Metapher komme ich in Kapitel 8 noch einmal zurück.

Das Nullsummengerede ist gefährlich. Es suggeriert, dass Vorteile in der Moderne auch in der internationalen, globalen Situation nur auf Kosten eines anderen erzielt werden können. In dieser Weise verliefen auch weite Teile der Diskussion um die Entwicklungspolitik, die sich jahrzehntelang (und manchmal bis heute) in Ausbeutungsrhetorik ergeht. Auch hier ist die Vorstellung, die hervorgerufen wird, eine falsche, nämlich dass entweder der Westen auf Kosten der weniger entwickelten Länder lebt und sie ausbeutet, oder auch (was zum Teil in jüngster Zeit behauptet wird), dass manche Länder versuchen, die reichen Länder der EU-Zone ihrerseits auszubeuten, indem sie auf deren Kosten leben. Zweifellos gibt es Ungerechtigkeiten im

Welthandel, und in vielen Bereichen sind faire Bedingungen, etwa der Abbau von Zollschranken, wünschenswert. Und selbstverständlich muss darauf geachtet werden, die Lasten innerhalb der EU fair zu verteilen. Nur: Wir sollten dabei keine Nullsummen- oder Ausbeutungsmetaphern verwenden, weil sie den wesentlichen Punkt der modernen Marktwirtschaft verpassen. McCloskey formuliert es so: «Der Populist mit seiner Nullsummen- und moralistischen Theorie der Ökonomie will unsere Reichtümer auf die Verarmung oder sogar Versklavung anderer zurückführen, genau wie er jeden Niedergang in der Marktwirtschaft auf die Gier reicher Leute an der Wall Street zurückführt» (McCloskey 2010, S. 230, eigene Übersetzung).

Was dem Ganzen allerdings die Krone aufsetzt: Die anti-ökonomische Stoßrichtung der Befürworter der Mäßigung wird sogar von den Gegnern der Mäßigung geteilt. Matthias Drobinski plädierte 2013 in der Süddeutschen Zeitung[29] für Verschwendung und gegen Mäßigung, mit dem Argument, ohne Verschwendung «gäbe es keine Religion und keine Kunst, keine Liebe und nicht einmal Weihnachten». Kunstwerke wie die Sixtinische Kapelle oder der «Ulysses» hätten ohne Verschwendung nicht entstehen können. So weit, so gut. Aber Drobinski prangert gleichzeitig auch «Effizienzdenken» und Ökonomisierung an. Er meint im Grunde, Ökonomen seien grundsätzlich für Sparsamkeit und «Knausertum», große Kunstwerke könnten sie nicht erklären – was falsch ist: Ohne Investitionen an Zeit, Energie, Intelligenz, Kunstfertigkeit, Ausbildung seiner kreativen Fähigkeiten – und oft schließlich auch Geld – sind große Werke nicht zu schaffen. Ökonomisch gesehen, wird hier mehr erreicht, wenn mehr investiert wird – und das kann sehr lohnenswert sein. Wenn die Ökonomik nur für Knausertum stünde, hätte sie mit Adam Smith schon wieder zu Ende sein können.

Eine Figur muss allerdings dafür auf die Bühne eingeführt werden: die Unternehmerin (oder der Unternehmer).

Die Rolle des Unternehmers

Die ökonomische Forschung ist sich darin einig, dass die Handelskaufleute, die Großunternehmer eine zentrale Rolle bei der Überwindung der Nullsummenfalle gespielt haben. Es gab und gibt jedoch unterschiedliche Ansichten darüber, woraus diese verstärkte Aktivität der Unternehmer entstanden ist. Auf der einen Seite stand die klassische These, dass «der dynamische Unternehmertyp», wie ihn Joseph Schumpeter 1912 nannte, eine besondere Spezies Mensch sei, die nur in Marktwirtschaften stärker auftrete. Diese These ist im Grundsatz noch dem Geniekult des 19. Jahrhunderts geschuldet, der in allen Bereichen der Gesellschaft das Wirken einzelner herausragender Individuen (wie Beethoven) betonte und weniger gemeinschaftliche Leistungen heraushob. Nun hat die These von außerordentlichen Individuen sicherlich ihre Berechtigung; so sind Kunstwerke zumeist auch heute größtenteils dem Wirken einzelner Individuen geschuldet (wobei auch hier zu berücksichtigen ist, dass in vielen medialen Kunstformen Künstler gerade auf die Zusammenarbeit vieler angewiesen sind). Auch in Politik und Wirtschaft können außerordentliche Persönlichkeiten zweifellos elegante Kompromisse finden, Prozesse abkürzen, die sonst viel länger dauern würden, oder die vielen Mitglieder einer Organisation auf eine Linie einschwören. Dennoch: Solche Persönlichkeiten hat es zweifellos auch im Mittelalter gegeben, ohne dass dies zu einer Überwindung der Nullsummensituation führte.

Daher sagt die neuere Richtung der Forschung, vertreten vor allem durch William Baumol (2002), dass die verstärkte Produktivität von Unternehmerinnen und Unternehmern durch die Regeln und Anreize der Marktwirtschaft selbst hervorgebracht wurde:

«Wie sich Unternehmer zu einer bestimmten Zeit und an einem bestimmten Ort verhalten, hängt wesentlich von den vorherrschenden Spielregeln ab, das heißt von der Anreizstruktur in der Ökonomie. Meine zentrale Hypothese ist, dass sich diese Menge von Regeln, und nicht das Angebot an Unternehmern, signifikant von einer Periode zur anderen verändert und dabei hilft, den letztlichen Effekt auf die Ökonomie über die Allokation von unternehmerischen Ressourcen zu bestimmen» (Baumol 2002, S. 61, eigene Übersetzung).

Baumol ist also – wie Hayek und Schumpeter – der Auffassung, dass der Unternehmer eine ganz wesentliche Rolle für den historischen Aufstieg der Marktwirtschaft spielt und damit auch für ihre ethischen und sozialen Verbesserungen verantwortlich ist. Aber Baumol führt diese verstärkte unternehmerische Aktivität auf die Marktwirtschaft selbst zurück und nicht darauf, dass plötzlich vermehrt unternehmerische Genies auftreten. Während zu vielen anderen Zeiten der Wettbewerb massiv unterdrückt wurde (Baumol hebt etwa hier die Zunftsysteme der Vormoderne hervor), nutzt die moderne Marktwirtschaft als Erste systematisch den Wettbewerb als «driving mechanism» (Baumol 2002, 261), als zentralen Antrieb. Während der mittelalterliche Unternehmer ebenso kreativ und zupackend gewesen sein mag wie der moderne, so wurde seine Aktivität doch durch die Rahmenbedingungen ständig behindert, entmutigt und gestört. Entsprechendes erleben wir gegenwärtig in vielen Ländern beispielsweise Asiens, in denen – bereits vor Jahrzehnten in Korea oder Taiwan, jetzt in Ländern wie Vietnam oder in Zukunft möglicherweise Birma – die unternehmerische Aktivität plötzlich zu enormem Leben erwacht, sobald Restriktionen wegfallen und das Potenzial des Marktes freigesetzt wird.

Und Baumol geht noch einen Schritt weiter: Nach seiner Ansicht liegt hier ein Rückkopplungsprozess vor, in dem wiederum die von den Unternehmern ausgehende Innovation den Wettbewerb intensiviert und stimuliert, somit genau den Mechanismus selbst verstärkt, der die Eigenaktivität erst ermöglicht hat. Baumol belegt dies mit vielen historischen Beispielen, aus Bereichen wie Schiffsnavigation, Dampfantrieb, Funkkommunikation und Automärkten (Baumol 2002, 287f.). Erst durch solche selbstverstärkenden Rückkopplungsprozesse wurde die moderne Aufwärtsspirale in Gang gesetzt, die nicht nur die Wirtschaft auf das heutige Level gebracht, sondern auch den Menschen die (bereits beschriebenen) massiven Verbesserungen ermöglicht hat. Die Marktwirtschaft konnte sich somit wie Münchhausen am eigenen Schopf aus dem Sumpf ziehen – aber der erste Schritt ging vom Wettbewerb und seinen Anreizen aus.

Worin besteht die Rolle des Unternehmers? Zunächst geht jede Unternehmerin Risiken ein. Unternehmen, Projekte und Produkte können scheitern. Das gehört fundamental zur Marktwirtschaft hinzu und ist auch notwendig. Die ökonomischen Risiken liegen also für die Unternehmerin auf der Hand. Sie lassen sich zweifellos durch gute organisatorische Tätigkeit, Auswahl von Mitarbeitern usw. entsprechend begrenzen, aber nicht vollständig beseitigen.

Noch wichtiger ist mir aber ein zweiter Punkt: Der Unternehmer geht auch ein moralisches Risiko sein. McCloskey weist hierauf hin: «Die Unternehmerin erhält die Schuld – denn schließlich macht sie obszön viel Geld. Einige unserer fiktionalen Helden sind Geschäftsleute (…), aber nicht viele» (McCloskey 2010, S. 389). Sie weist also darauf hin: Unternehmer taugen in den Augen vieler nicht als Vorbild, weil sie auch im Erfolgsfall einfach nur reich werden. Für den Großteil der Literaten und Schriftsteller konnten sie daher auch nur selten als zentrale positive Figuren in Romanen, Filmen oder Kurzgeschichten taugen.[30] Was folgt aus alledem für die Ethik?

Ich vertrete die Auffassung, dass die Ethik bisher zu sehr das Vermeiden von Risiken in den Vordergrund stellt. Ethik sollte jedoch stärker das kontrollierte Eingehen von Risiken würdigen und positiv bewerten. Ethiker bremsen gern, ja sie verstehen sich meist als Anwälte der Entschleunigung, Risikobegrenzung und Mäßigung. Aber Risiken – auch moralische Risiken – haben immer auch Chancen: die andere Seite derselben Medaille. Insolvenzen von Unternehmen oder auch die seit 1999 möglichen Privatinsolvenzen bergen die Chancen eines Neuanfangs. Auch Arbeitsplatzabbau ist nicht grundsätzlich zu verurteilen. Er gehört zum System der Marktwirtschaft hinzu: Ein Erhalt dauerhaft unproduktiver Arbeitsplätze ist ethisch nicht vertretbar.

Der Wissenschafts- und Technikphilosoph Christoph Hubig hat darauf hingewiesen, dass es auch ein Risiko sein kann, alternative Chancen nicht zu berücksichtigen oder zu erkennen (Hubig 2007, S. 102). Hubig plädiert dafür, Risikomanagement nur als einen Aspekt oder Teilbereich von Chancenmanagement zu verstehen. Das ist eine grundsätzliche Umstellung der Perspektive: Im Vordergrund stehen die Chancen, die neuen Möglichkeiten und Perspektiven, sie beinhalten zwar Risiken, aber es ist genauso ein Risiko, sie einfach vorübergehen zu lassen. Natürlich gehen wir nicht jede neue Möglichkeit ein, sollten wir nicht jede Innovation begrüßen – aber der systematische Verzicht oder das systematische Auslassen von Gelegenheiten ist nicht nur ökonomisch ineffizient, sondern stellt auch ein ethisches Risiko dar.

Das Gleichnis von den anvertrauten Talenten

Diese Idee ist nicht völlig neu. Sie findet sich schon in der Bibel, und zwar u. a. im Gleichnis von den anvertrauten Talenten. Das biblische «Gleichnis von den anvertrauten Talenten» lässt sich als Plädoyer für das kontrollierte Eingehen von Risiken verstehen. Dieses Gleichnis, das in leicht unterschiedlichen, aber in der Aussage gleichen Fassungen in den Evangelien des Matthäus und Lukas berichtet wird (Matthäus 25,14–30 sowie Lukas 19,12–27), lautet folgendermaßen (in der Fassung des Lukas):

Ein reicher Herr begibt sich auf eine weite Reise. Vorher ruft er zehn seiner Diener zu sich und übergibt ihnen jeweils die gleiche Summe Geld. Zudem erteilt er ihnen den Auftrag, mit diesem Geld Geschäfte zu machen, bis er wiederkommt. Nach einiger Zeit kehrt der reiche Herr zurück und fordert von seinen Dienern Rechenschaft über das anvertraute Geld. Der erste Diener hat mit seinem Geld das Zehnfache erwirtschaftet und wird vom Herrn reich belohnt; er wird als Herr über zehn Städte eingesetzt. Der zweite Diener hat mit dem gleichen Geld das Fünffache erwirtschaftet; er wird ebenfalls belohnt und soll über fünf Städte herrschen. Die weiteren Diener werden nicht erwähnt, bis auf den letzten. Der letzte Diener bringt dem Herrn das Geld zurück. Er habe es versteckt («in ein Tuch eingebunden und aufbewahrt»), weil er Angst davor hatte, es zu verlieren und vom Herrn bestraft zu werden. Doch sein Herr ist nun erst recht erbost; er hält ihm vor, er hätte das Geld doch wenigstens auf die Bank bringen und Zinsen erwirtschaften können. Dem schlechten Diener lässt er dann das Geld wegnehmen und es dem geben, der schon das Zehnfache erwirtschaftet hat, mit dem berühmten Zitat: «Wer hat, dem wird gegeben werden; wer aber nicht hat, dem wird auch noch weggenommen, was er hat.»

In der Fassung bei Matthäus finden sich vor allem zwei Änderungen: Zum einen werden am Anfang den (hier nur drei) Dienern unterschiedlich hohe Geldbeträge anvertraut, jedem nach seinen Fähigkeiten (was für das vorliegende Argument nur bedingt eine Rolle spielt). Zweitens fällt die Bestrafung des faulen Dieners bei Matthäus noch drastischer aus, da heißt es: «Werft den nichtsnutzigen Diener hinaus in die äußerste Finsternis! Da wird sein Heulen und Zähneklappern.»

Generationen von Theologen haben sich abgemüht, dieses Gleichnis *nicht* als Plädoyer für unternehmerische Schaffenskraft, ja Profitmaximierung zu interpretieren. Da heißt es meistens, ein jeder solle mit seinen Talenten nicht hinter dem Berg halten, was eher in einem übertragenen Sinn und nicht in einem ökonomischen zu verstehen sei. Dieser Sinn mag durchaus auch in dem Gleichnis stecken, jedoch ist wohl kaum von der Hand zu weisen, dass ein Sich-Mäßigen, mit mäßigem Erfolg zufrieden sein, in diesem Gleichnis klar und unmissverständlich abgelehnt wird. Wir sollen investieren, wir sollten alle über unternehmerische Fähigkeiten verfügen, das will dieses Gleichnis sagen. Und nicht nur das: Es werden auch die Mittel dafür an die Hand gegeben. Es wird nämlich ein Wettbewerb zwischen den Knechten in Gang gesetzt, bei dem ganz klar am Ende einer mehr (sogar deutlich mehr) als der andere hat. Und dies wird keineswegs als ungerecht oder umgekehrt als naturnotwendig dargestellt, sondern ist ein Ergebnis der unternehmerischen und investiven Tätigkeit. Und wer unproduktiv ist, verliert am Ende schließlich alles.

Das Gleichnis zeigt somit auf, dass Mäßigung nicht zwangsläufig moralisch ist. Wer Mäßigung betreibt, nur moderate Gewinne oder gar ein Stehenbleiben auf dem Erreichten anstrebt, verliert, und zwar entgehen ihm nicht nur in ökonomischer Hinsicht mögliche Gewinne, sondern er wird auch den ethischen Erwartungen nicht gerecht. Stattdessen ist es prinzipiell gut, nach Mehr zu streben – was Aristoteles als *pleonexia* vehement ablehnte.

Das ist übrigens nicht die einzige Bibelstelle, die in dieser Richtung interpretiert werden kann. Auch etwa die Redensart, «man soll sein Licht nicht unter den Scheffel stellen», d. h. seine Leistungen oder Verdienste nicht aus Bescheidenheit verbergen oder die eigene Leistungsfähigkeit geringschätzen, bezieht sich auf das Neue Testament (Markus 4,21; Matthäus 5,15; Lukas 11,33).

Heutige Plädoyers für Mäßigung

Das Mehr-Haben-Wollen ist somit nicht grundsätzlich verwerflich. Es wird aber bis heute weithin verdammt, wenn auch mit anderen Argumenten und Mitteln. Richard David Precht hat in seinem Buch «Die Kunst, kein Egoist zu sein» (2010) wieder einmal die Mäßigung und das Sich-Bescheiden auf den Schild gehoben, unter anderem mit ökologischen Erwägungen. Harald Welzer stimmte 2013 ein («Wohlstand ohne Wachstum?»). Das weitere Wachstum führe uns in den Untergang – wobei es wichtig ist zu unterscheiden, ob *jegliche* Form von Wachstum, etwa auch qualitatives Wachstum o. Ä. gemeint ist. Die Begrenztheit natürlicher Ressourcen will ich hier nicht untersuchen und stelle sie auch nicht in Abrede. Aber Mäßigung im Sinne von Verzicht auf Mehr-Haben-Wollen, im Sinne eines Sich-Bescheidens, kann auch in einer ressourcentechnisch begrenzten Welt nicht sinnvoll sein. Gerade in einer solchen Situation brauchen wir die Innovationen, den Erfindergeist auf der technischen Seite, aber auch den Unternehmergeist für die tatsächliche Umsetzung und Marktreife. Mit wenig zufrieden zu sein, hilft keinem.

Aus einer anderen Perspektive hat dies im 17. Jahrhundert bereits Thomas Hobbes so gesehen. Hobbes verteufelt in seinem «Leviathan» (1651) ebenfalls nicht das Streben nach Mehr, sondern er versucht, es zu erklären:

«Zuvörderst wird also angenommen, dass alle Menschen ihr ganzes Leben hindurch beständig und unausgesetzt eine Macht nach der anderen sich zu verschaffen bemüht sind; nicht darum, weil sie nach einer immer größeren Macht als der, welche sie schon besitzen, streben oder sich mit einer mäßigen nicht begnügen können, sondern weil sie ihre gegenwärtige Macht und die Mittel, glücklich zu leben, zu verlieren fürchten, wenn sie sie nicht vermehren.»[31]

Man sucht Reserven, Polster anzuhäufen, man versucht zu verhindern, von anderen ausgebeutet zu werden. Karl Homann (2002) hat dies als «präventive Gegendefektion» oder Gegenausbeutung bezeichnet. Das ist zweifellos eine gute Erklärung, wenn nicht sogar Rechtfertigung dieses Verhaltens. Aber dennoch: Das Streben nach Mehr entspringt bei Hobbes immer einem gewissen negativen Gefühl – was auch dazu geführt hat, dass seine Kritiker ihm ein negatives, düsteres Menschenbild unterstellt haben.

Man kann nun lange darüber streiten, ob es sich bei Hobbes tatsächlich um ein realistisches Menschenbild handelt oder um eine bestimmte Konstruktion, ein theoretisches Werkzeug zu bestimmten Zwecken. Für den vorliegenden Zusammenhang ist nur wichtig: Die Angst sollte nicht das Motiv für das Mehr-Haben-Wollen sein, für Unternehmertum und Unternehmergeist. Die von Hobbes beschriebene «Rastlosigkeit» könnte auseinem Wunsch entstammen, Risiken kalkuliert einzugehen, etwas Neues zu schaffen, kreativ zu sein und damit Neues hervorzubringen.

Mäßigung vs. Unternehmertum

Um es auf den Punkt zu bringen: Mäßigung ist aller Laster Anfang. Gemäßigt haben sich auch diejenigen Manager, die (etwa) Erfindungen aus Deutschland wie das Faxgerät (1956), die Maus (Telefunken 1968) oder den MP3-Player (1992) hierzulande nicht zur Marktreife gebracht haben.[32] Gemäßigt hat sich (beispielsweise) auch jener Textilunternehmer Klaus Steilmann (1929–2009), der aus Solidarität mit seinem Personal an der kostenintensiven Produktion in Deutschland festhielt und 2006 einen Konkurs seines Unternehmens nur durch die vollständige Übernahme durch eine italienische Gruppe abwenden konnte.

Und vor allem: Mäßigung betreiben Unternehmen auf solchen Märkten, auf denen Schlafmützenkonkurrenz herrscht: Damit wird in der Regel ein Zustand bezeichnet, in dem zwar vollständige Konkurrenz herrscht, aber aufgrund der Zersplitterung des Marktes in viele kleine Anbieter diese sich gegenseitig nur ‹müde› und initiativlos Konkurrenz machen. Sie mäßigen sich, weil für sie keine Anreize bestehen, etwa wenn der Markt sofort reagiert oder wenn Konkurrenten bei Innovationen sofort mit ihren Produkten nachziehen. (Insofern ist auch ein gut funktionierender Wettbewerb nicht mit vollständiger Konkurrenz gleichzusetzen.)

Erst recht nicht moralisch zu unterstützen sind solche Märkte, in denen der Wettbewerb schlecht funktioniert, in dem Sinne, dass sich wenige Anbieter nur halbherzig Konkurrenz machen – zu Lasten des Kunden. Das wird auch öffentlich beklagt, sei es (jedenfalls lange Zeit) auf dem Energiemarkt, im Bahnverkehr – oder auch im Bankensektor.

Wettbewerb erfüllt nicht nur zwischen Unternehmen eine Funktion, sondern auch auf der politischen Ebene, etwa zwischen Bundesländern. Das ist höchstrichterlich bestätigt worden: Der Länderfinanzausgleich ist in seiner früheren Form vom Bundesverfassungsgericht bereits 1999 für unzulässig erklärt worden, und vermutlich wird es in naher Zukunft hier ein weiteres Urteil geben. Die Herstellung gleicher oder annährend gleicher Lebensbedingungen in den verschiedenen Teilen der Republik wird als Ziel nicht völlig aufgegeben, aber das kann nicht dazu führen, dass diejenigen, die sich im Wettbewerb mehr anstrengen, alles Gewonnene (in Form von zusätzlich eingenommenen Steuern) wieder abführen müssen.

Weitere Beispiele für Gesetze, die im Kern wettbewerbs- oder innovationsfeindlich sind, lassen sich finden:

- Die Mietpreisbremse ist zwar gut gemeint, schützt aber letztlich nur den Bestand und fördert nicht den Bau neuer Wohnungen.
- Die Rente mit 63, die den jüngeren Generationen erhebliche Zusatzkosten auferlegt.
- Die 2013 geplante Pflicht zur Rentenversicherung für Selbstständige war sicherlich gut gemeint. Es lassen sich viele gute Gründe dafür finden, der Schutz vor Altersarmut, die Gleichbehandlung aller Berufsgruppen und weitere. Es bleibt aber dennoch so, dass junge Unternehmer, innovative Start-Ups, durch ein solches Gesetz unnötig eingeschränkt und belastet werden – in einer Phase, in der die Absicherung in der gesetzlichen Rentenversicherung nicht das vorrangige Problem ist. Das Problem wird auch durch eine stufenweise Ausgestal-

tung des Beitrags lediglich verringert, aber nicht entschärft. Ein solches Gesetz behindert jene, die sich dem scharfen Wettbewerb stellen. Und es ist nicht damit zu rechnen, dass hier die Versicherten wenigstens einen Kapitalstock aufbauen können, sondern die bisherige Umlagefinanzierung der Rentenversicherung würde bestehen bleiben. Davon profitierten nur die aktuellen Rentner. Für die zukünftigen Ruheständler bliebe das Problem der Rentenversicherung, das durch die Umlagefinanzierung immer weiter hinausgeschoben wird, ungelöst.

Soziales Unternehmertum: auch hier keine Mäßigung

Kann man nur entweder Unternehmer sein *oder* sozial engagiert? An anderer Stelle ist man schon längst weiter. Der in den letzten Jahren immer weiter gewachsene Bereich des Social Entrepreneurship[33] (z.T. als «soziales Unternehmertum» eingedeutscht) lässt sich mit den alten Kategorien des Sozialen und des Ökonomischen nicht mehr fassen. Es handelt sich dabei um Unternehmungen, die sich für Menschenrechte, ökologische und soziale Belange allgemein, für Bildung oder gegen Hunger einsetzen, aber ohne dabei Effizienzgedanken außer Acht zu lassen. Um nur einige Beispiele zu nennen:

- Die Organisation «streetfootballworld» hat sich zum Ziel gesetzt, die Entwicklung junger Menschen weltweit durch Fußball zu fördern. Sie unterhält dazu in 64 Ländern ein Netzwerk von 89 Partnern aus Wirtschaft, Regierungen, Stiftungen, Sport und Kultur.
- Der «Tonali Grand Prix» ist nicht nur ein Musikwettbewerb, sondern gleichzeitig eine (privat finanzierte) Förderungseinrichtung für Nachwuchsmusiker. Finanziert wird er durch Stiftungen, Eintrittsgelder und Spenden.

- Die «Plural Media Services» gilt als erste Werbe-Vermittlungsagentur für Medien in Krisenregionen. Sie unterstützt Marketing für Zeitungen, Radio und Fernsehen in Ländern wie Afghanistan, Irak und Sudan.
- Die VerbaVoice GmbH versorgt schwerhörige und gehörlose Menschen mit moderner Technik, um ihre Verständigungsmöglichkeiten deutlich zu verbessern. Dazu vermittelt sie per Internet unter anderem Dolmetscher und reduziert dabei nach eigener Aussage deren Kosten um 35 Prozent.
- Das Institut Apeiros bemüht sich darum, die Schulverweigerung Jugendlicher zu reduzieren.

Social Entrepreneurs ist klar, dass sie sich dem Wettbewerb stellen müssen, gleichzeitig aber auch, dass der Wettbewerb ihnen die Möglichkeiten der Hilfe erst eröffnet. Es geht also nicht darum, im klassischen Sinn öffentlich finanzierte Hilfe neben dem Wettbewerb oder am Wettbewerb vorbei zu liefern, sondern den Wettbewerb gerade auch für soziale Belange zu nutzen. Es muss investiert werden, und zwar mit der grundsätzlichen Aussicht, zu einem späteren Zeitpunkt auch profitabel zu arbeiten. Die Profitabilität kann dabei in unterschiedlicher Weise festgestellt werden; die Rentabilitätskriterien für ein Social Enterprise werden in der Regel nicht dieselben sein wie die für einen global agierenden Technologiekonzern. Aber es geht beiden um einen Return on Investment.

Das schließt natürlich, wie immer im Wettbewerb, auch das Risiko des Scheiterns mit ein. Niemand kann garantieren, dass ein Social Enterprise erfolgreich ist und bleibt. Das Gleiche gilt aber auch für die klassischen, öffentlichen finanzierten Nicht-Wettbewerbs-Programme: Deren Wirksamkeit bzw. Unwirksamkeit ist hinreichend oft belegt worden. Als Beispiel mögen nur die vielen gescheiterten staatlichen Entwicklungsprogramme gelten.[34]

Einige Social Enterprises setzen sich sogar dafür ein, Strafgefangene zu Unternehmern zu ‹erziehen›. Die Idee stammt aus Texas, dort gibt es schon seit 2004 das «Prison Entrepreneurship Program», das Strafgefangene dazu anleiten will, nach ihrer Haft selbstständig als Unternehmer Fuß zu fassen. Die Idee ist mittlerweile in Deutschland aufgegriffen worden, etwa in der bayerischen JVA Landsberg.[35] Wenn sie erfolgreich ist, zeigt dies: Man wird nicht als Unternehmer geboren, sondern kann sich unternehmerische Fähigkeiten – auch unter schwierigen Bedingungen – aneignen. Dazu Hilfestellung zu leisten ist eine wichtige Investition in die Grundlagen unserer Gesellschaft.

Der Kerngedanke, den ich festhalten möchte, lautet: Predigen wir nicht Mäßigung, sondern Investieren!

Luther

Plädoyers für Mäßigung sind zwar nicht nur ein deutsches Problem, aber es drängt sich doch der Eindruck auf, dass in Deutschland Unternehmertum bzw. Entrepreneurship in der Tradition eher unter Verdacht standen als in anderen Ländern, insbesondere, aber nicht nur, in den angelsächsischen.

So wollte Luther zwar weltliche Berufe gegenüber mönchischen oder allgemein geistlichen aufwerten. Er sprach sich für ein starkes Handwerkertum aus. Aber dieses Handwerkertum war in einem traditionellen Sinn zu verstehen – geschützt gegen intensiven Wettbewerb, eher dem Dienst am Werk verpflichtet als dem Dienst am Kunden. Zudem sollten die dazu notwendigen Geldmittel nicht mit Hilfe von Zinszahlungen aufgebracht werden: In seiner Schrift «Von Kauffshandlung und Wucher» von 1524 lehnt Luther das Zinsnehmen grundsätzlich ab. Seine Abschaffung sei ein «christlich und edel Werk für Fürsten und Herren».[36] Luther sah das Treiben der Kaufleute insgesamt als Wucher an und wünschte sich als – mäßigende – Alternative schlicht die Bodenrente, gewissermaßen ‹redlich und ehrlich›, mit eigenen Händen erarbeitet: «Es ist besser ein lehen in einer stat mit redlichenn erbguttern odder tzinsz gestifft, den hundert auff den zinszkauff... Aber das vorstehe ich nit, wie man mit hundert gulden mag des jarisz erwerden zwentzig.»[37]

Die Bevorzugung der Landwirtschaft mag historisch mit der – im Vergleich etwa zu Großbritannien – stark agrarisch geprägten Wirtschaft der deutschen Länder früherer Jahrhunderte zu erklären sein. Tatsächlich stand der Begriff «Ökonomie» im deutschen Sprachraum lange Zeit für Agrar- und Gartenbau – noch sichtbar in Gebäuden wie der «Alten Ökonomie» im Münchner Englischen Garten. Dennoch: Es gab auch hierzulande schon lange eine Kaufmannstradition, die dazu einen Gegenpol setzte, von den Kaufleuten der Hanse über die Fugger und Welser bis hin zu den jüdischen Bankiers. Gerade die Letzteren wurden allerdings auch immer wieder misstrauisch beäugt, ob sie nicht unredliche Geschäfte machten – mit den bekannten Nachwirkungen bis ins 20. Jahrhundert.

Kant

Aus der deutschen Philosophie des 18. und 19. Jahrhunderts liegen unterschiedliche Stimmen vor. Immanuel Kant, aus dem agrarischen Ostpreußen, war zwar nicht für ein ausschließliches Fokussieren auf Landwirtschaft, aber er hatte dennoch Vorbehalte gegenüber dem Wettbewerb: Ein Kaufmann, der durchreisende Kunden nur deshalb nicht übervorteilte, um den guten Ruf bei seinen Stammkunden nicht zu verlieren, galt dem Königsberger Philosophen nicht als jemand, der moralisch handelte.[38] Er handelte lediglich «gemäß der Pflicht», aber nicht «aus Pflicht». Diese spezifisch kantische Unterscheidung hat im deutschen Raum, aber auch anderswo, stark nachgewirkt.

Bis heute wird Unternehmen gern vorgeworfen: Selbst wenn sie sich für ökologische oder soziale Belange einsetzten, geschehe dies letztlich doch nur aus Eigeninteresse – also «gemäß der Pflicht». Es fehle ihnen am ‹echten Willen›, das moralisch

Richtige zu tun. Abgesehen von der Frage, woran man denn den Willen eines korporativen Akteurs wie eines Unternehmens festmacht (am Willen des Vorstandsvorsitzenden? aller Vorstandsmitglieder? aller Teilnehmer der Hauptversammlung einer AG? oder aller Angestellten?), so muss doch stark in Zweifel gezogen werden, dass man in der globalisierten Welt irgendwelche Fortschritte für Benachteiligte erreicht, wenn man darauf wartet, dass sich die genuine moralische Motivation auf Seiten multinationaler Unternehmen bildet. Letztlich setzen darauf auch die meisten NGOs nicht (mehr), sondern konzentrieren sich auf die Ergebnisse, die Resultate der Handlungen der Unternehmen und ihrer Mitglieder. Wenn sich daraus Win-Win-Situationen ergeben, wozu braucht man dann noch eine moralische Motivation?

Fichte

Aus dem Deutschen Idealismus im engeren Sinn lohnt es sich, einen Blick auf Johann Gottlieb Fichtes (1762–1814) Schriften zu wirtschaftlichen Themen zu werfen, insbesondere auf seine Arbeit «Der geschlossene Handelsstaat. Ein philosophischer Entwurf als Anhang zur Rechtslehre und Probe einer künftig zu liefernden Politik» von 1800 (Fichte 1800/1917). Im diametralen Gegensatz zu Adam Smith (1723–1790) und zu anderen Freihandelstheoretikern seiner Zeit wie David Ricardo (1772–1823) entwirft Fichte das Idealbild eines Staates, der so weit wie möglich von Beziehungen nach außen abgeschnitten sein sollte. Nicht nur freier Handel ohne Zölle, schon Handel überhaupt schien ihm weitgehend verdächtig. Daraus ergab sich auch, dass Fichtes Idealstaat ohne den Preismechanismus arbeitete und Preise stattdessen staatlich verwaltete. Der Idealist war gleichzeitig ein radikaler Frühsozialist.

Hegel

Der Fall Hegel liegt komplizierter. Georg W. F. Hegel (1770–1831) vertritt Positionen, die ökonomischen Mechanismen Spielraum lassen.[39] In seinen «Vorlesungen über die Geschichte der Philosophie» etwa kritisiert er seine Vorgänger Kant und Fichte dafür, dass sie «beim Sollen stehen» blieben, das heißt, bei der (theoretischen) Begründung von Normen – und die tatsächliche Implementierung im «Konkreten», in der sozialen Wirklichkeit, vernachlässigten. Hegel lehnt es ab, Moral unvermittelt zu postulieren oder an die Einzelnen zu appellieren ohne Rücksicht auf die sozio-ökonomischen Anreize, unter denen sie stehen.

Denn die Einzelnen handeln auch für Hegel nach ihrem eigenen Interesse, sie müssen es sogar. In seinem Spätwerk «Grundlinien der Philosophie des Rechts» von 1821 heißt es unmissverständlich: «Die Individuen sind als Bürger dieses Staates *Privatpersonen*, welche ihr eigenes Interesse zu ihrem Zwecke haben.» (Rechtsphilosophie, § 187) Und dieses Eigeninteresse, die «subjektive Selbstsucht», hat nicht nur negative Seiten. Auch für Hegel funktioniert – wenn auch leicht verklausuliert – Smiths' unsichtbare Hand:

«In dieser Abhängigkeit und Gegenseitigkeit der Arbeit und der Befriedigung der Bedürfnisse schlägt die *subjektive Selbstsucht* in den *Beitrag zur Befriedigung der Bedürfnisse aller anderen* um» (Rechtsphilosophie, § 199). Wenn jeder sein eigenes Interesse verfolgt, ist allen gedient. Allerdings sind Regeln notwendig, um einen Ausgleich der Interessen herbeizuführen:

«Die verschiedenen Interessen der Produzenten und Konsumenten können in Kollision miteinander kommen, und wenn sich zwar das richtige Verhältnis *im Ganzen* von selbst herstellt, so bedarf die Ausgleichung auch einer über beiden stehenden, mit Bewußtsein vorgenommenen Regulierung.» (Rechtsphilosophie, § 236) Eine solche Regulierung erhält die bürgerliche

Gesellschaft und in ihr auch die «Belebung», man könnte sagen den «Unternehmergeist», der von den Einzelnen, hier: der subjektiven «Besonderheit», hervorgebracht wird:

«Von der objektiven Ordnung aber, in Angemessenheit mit ihr und zugleich in ihrem Recht erhalten, wird die subjektive Besonderheit zum Prinzip aller Belebung der bürgerlichen Gesellschaft, der Entwicklung der denkenden Tätigkeit, des Verdiensts und der Ehre. Die Anerkennung und das Recht, daß, was in der bürgerlichen Gesellschaft und im Staate durch die Vernunft notwendig ist, zugleich *durch die Willkür vermittelt* geschehe, ist die nähere Bestimmung dessen, was vornehmlich in der allgemeinen Vorstellung *Freiheit* heißt» (Rechtsphilosophie, § 206).

Hegel vertritt somit in seiner Rechtsphilosophie durchaus Ideen, die wettbewerblicher Freiheit Raum lassen. Allerdings laufen seine konkreten Umsetzungsvorschläge, die er im gleichen Werk äußert, oft in die entgegengesetzte Richtung und sind geeignet, die ursprünglichen Ideen zu konterkarieren. Hegel entwickelt hier die Grundgedanken einer korporativ verfassten Wirtschaft, die mit der modernen Wirtschaft eher wenig zu tun hat. Korporationen sollen sich zwar von den Zünften früherer Zeiten unterscheiden (§ 250ff.), aber in ihrer gesellschaftlichen Funktion sind sie durchaus vergleichbar, denn sie sollen den Wettbewerb einschränken. Hegels Eintreten für Unternehmergeist und wirtschaftliche Freiheit war eher ein theoretisches; letztlich misstraute er der Konkurrenz, sobald es um ihre konkrete Ausgestaltung ging. Das ‹nur› Private war ihm unheimlich, in irgendeiner Weise sollte dafür gesorgt werden, dass jeder, und das heißt auch die wirtschaftlichen Akteure, Teilhabe am «Allgemeinen» hatten. So wie der Staat für ihn ‹nicht nur› als aus dem Willen der Einzelnen entstanden zu denken war, sondern für Hegel immer auch etwas von der Gesellschaft, von den Privatwillen der Einzelnen Getrenntes gedacht werden sollte.

Die Korporationen sollten eine Art Familie darstellen, in denen sich die wirtschaftlichen Akteure wiederfinden würden, auch wenn sie in Not gerieten. Schon Fetscher schrieb 1973, vielleicht etwas übertrieben, dass «sich bei Hegel (...) nirgends ein Hinweis auf die nützliche Funktion freier Konkurrenz findet».[40]

Mäßigung im internationalen Vergleich

Gelten denn in anderen Ländern andere Sitten? Ist diese Fokussierung auf Mäßigung und das Nicht-Zuviel eine deutsche Eigenart? Man könnte erwarten, dass jene Länder, die schon früh über vielfältige Handelsverflechtungen und über eine international agierende Schicht von Kaufleuten verfügten, auch in ihren geistigen Traditionen andere, unternehmerische Elemente enthalten.

Der Blick fällt natürlich sofort auf die USA. Schon bevor sich im späten 19. Jahrhundert der Pragmatismus als eine vorrangig im US-amerikanischen Raum entstandene Strömung entwickelte, sind andere, und zwar vor allem theologische Traditionen zu nennen. Insbesondere die Mormonen haben, vielleicht als einzige Glaubensgemeinschaft überhaupt, einen Pioniergeist in ihre Tradition eingebaut. In ihren Wanderungen westwärts war ihnen dieser sehr nützlich und ließ sie immer wieder neue Herausforderungen suchen.

Aber die Wettbewerbsidee hat sich vor allem im Pragmatismus, der wichtigsten in den USA geborenen Philosophietradition, niedergeschlagen. Einer ihrer Gründerväter, Charles S. Peirce (1839–1914), verwendete die Grundidee des Wettbewerbs als Modell und Treiber für den wissenschaftlichen Fortschritt. Danach ist es nicht die Genialität einzelner Forscher und auch nicht die vernünftige Argumentation in einer Forschergemeinschaft, die für den Fortschritt der Wissenschaft verantwortlich ist. Sondern es ist der Wettbewerb zwischen ihnen, der dafür sorgt, dass es vorangeht: Wissenschaftler stellen Behauptungen und Gegenbehauptungen auf, kritisieren gegenseitig heftig ihre Fehler und versuchen, ihre eigenen Ideen voranzutreiben (Peirce 1893/1998, 6289). Zwar sind Wissenschaftler nach Peirce nicht an monetären Gütern interessiert, wohl aber an ihrer Reputation. Sie machen sich gegenseitig Konkurrenz, und diese Rivalität und Konkurrenz, die letztlich den wissenschaftlichen Fortschritt bewirken, tragen wesentliche Züge eines ökonomischen Marktprozesses – und nicht in erster Linie solche einer rationalen Argumentations- oder Diskursgemeinschaft.[41] Der Wettbewerb steht im Dienste des Musterbeispiels von Vernunft: der wissenschaftlichen Rationalität.

In der populären Kultur hat dies fraglos Resonanz gefunden. Der allerorts immer wieder verabschiedete, für obsolet, wenn nicht gar zynisch gehaltene *American Dream* hält sich als Ideal hartnäckig. Arnold Schwarzenegger griff die Idee auf, als er 2003 äußerte, er glaube an die «Philosophie des Hungrig-Bleibens. Wenn du einen Traum hast, und er wird Realität, bleib nicht zu lange mit ihm zufrieden. Erfinde einen neuen Traum und jag diesem nach und lass ihn wirklich werden. Wenn du diesen Traum erreicht hast, erfinde wieder einen neuen Traum. Ich glaube stark an die Philosophie des Westens, die Philosophie des Erfolgs, des Fortschritts, des Reichwerdens.» (Übers. d. Verf.)[42]

Unabhängig davon, was Schwarzenegger mit der «Philosophie des Westens» genau gemeint haben mag, so ist das Hungrig-Sein-auf-Mehr eine Komponente, die für die Zukunftsfähigkeit einer Gesellschaft nicht ohne Einfluss ist.

Insbesondere in Deutschland ist dagegen auch in jüngster Zeit immer wieder die gegenteilige Auffassung betont worden. Mäßigung, Entschleunigung, Nullwachstum sind die entsprechenden Schlagworte. In den letzten Jahren haben etwa Meinhard Miegel (2014), Richard David Precht (2010) oder Harald Welzer (2013) immer wieder in dieser Richtung plädiert. Auch wenn manche ihrer Punkte sicherlich eine Berechtigung haben, so ist die grundsätzliche Neigung, mit dem Erreichten zufrieden zu sein und sich auf den Lorbeeren der Vergangenheit auszuruhen, kaum zukunftsfähig. Stehen bleiben – das kann eine Gesellschaft im Wettbewerb nicht.

Ganz konkret kommen Wachstumsaversion und Suffizienzdenken in der Haltung zu Aktien zum Ausdruck. Die Deutschen waren lange Zeit sehr skeptisch gegenüber dem Besitz von Aktien. Vorübergehend gab es aber hier eine Verhaltensänderung, als zu Zeiten des Internetbooms Ende der neunziger Jahre bis etwa 2001 die Zahl der Aktienbesitzer hierzulande deutlich anstieg. Allerdings führte das Platzen der Internetblase zu einem massiven Einbruch und zu einer weitverbreiteten Skepsis der Anleger, von dem sich der Markt bis heute im Grunde nicht erholt hat. Nach Zahlen des Deutschen Aktieninstituts (Süddeutsche Zeitung vom 19. November 2013, S. 25) haben nur etwa 8% der Deutschen Aktien in ihrem Besitz. In den USA und der Schweiz ist die Aktionärsquote dreimal, in Großbritannien viermal so hoch. Vielleicht noch interessanter: Auch in einem Land wie Schweden, das aus deutscher Sicht immer gern zum Vorbild erkoren wird, sind fünfmal so viele Menschen Aktionäre. Aktienbesitz kann also nicht als etwas abgetan werden, was ‹aus Amerika kommt›. Es gibt vielmehr eine spezifisch deutsche Feindlichkeit gegenüber Aktien – die kontraproduktiv ist und einen nachhaltigen Vermögensaufbau in Deutschland verhindert. Man mag dies historisch beispielsweise mit den innerhalb von Familien über Jahrzehnte hinweg tradierten Geschichten aus der Inflationszeit Anfang der 1920er Jahre erklären. Rationaler wird die Aktienangst dadurch nicht. Und das klassische Sparen, die Sparsamkeit als «Grundtugend der Deutschen» (SZ vom 29. 11. 2013, S. 3), lohnt sich in Zeiten der Niedrigzinsen nicht nur nicht mehr, sondern es führt zu Verlusten.

Selbst in Frankreich ist die Aktionärsquote fast doppelt so hoch wie in Deutschland. Das ist insofern bemerkenswert, als auch die Franzosen ihre Schwierigkeiten mit dem Konzept Wettbewerb haben: Wie die französische Ökonomin und Regierungsberaterin Agnès Bénassy-Quéré 2013 formulierte, kannten die Franzosen bis 2011 das Wort Wettbewerb überhaupt nicht (Focus vom 30. 5. 2013). Sie hatten danach kein Bewusstsein dafür, ihr Land für den globalen Wettbewerb fit zu machen, und kein Verständnis für wirtschaftspolitische Maßnahmen, die im Interesse dieser Wettbewerbsfähigkeit lagen. Für Bénassy-Quéré sind die deutschen Reformen der letzten Jahre ein großes Vorbild für Frankreich – allerdings geht sie auf die in der Bevölkerung nach wie vor verbreiteten Haltungen nicht ein.

Mäßigung in psychologisch-experimenteller Sicht

Gibt es denn empirische Belege für oder gegen unsere Neigung zur Mäßigung? Ich meine damit nicht nur klassische sozialwissenschaftliche und ökonomische Erkenntnisse, sondern jene der experimentellen Ökonomik und Psychologie, wie sie seit den Nobelpreisen für Daniel Kahneman und Amos Tversky 2002 endgültig etabliert sind. In den ersten Jahren der Experimentellen Ökonomik herrschte stark die Zielrichtung vor zu zeigen, dass wir nicht nur eigeninteressiert handelten, sondern auch starke soziale oder altruistische oder ähnliche Präferenzen hätten. Das ließ sich in vielen Experimenten belegen, die zahlreiche Paradoxien für das ökonomische Standardmodell aufzeigten.

In den letzten Jahren jedoch sind zunehmend auch experimentelle Studien erschienen, die darauf hinweisen, dass dieses sogenannte soziale Verhalten unter Wettbewerbsdruck erodiert. Der Mensch ist nicht einfach eigeninteressiert, er ist aber auch nicht einfach Altruist. Vielmehr hängt sein Verhalten von sozialen Randbedingungen ab. Die Studien, die immer wieder zitiert werden, sind nicht so eindeutig wie gern behauptet: Sie sagen keinesfalls pauschal, dass wir viel moralischer und altruistischer seien, als die Ökonomik behaupte.

So wies schon Andreoni 1988 darauf hin, dass Testsubjekte

ihr moralisches Verhalten dann allmählich zurückfahren, wenn ein Spiel über mehr als eine Runde gespielt wird. Sie lernen somit – aber nicht in der Weise, dass sie dann besonders ‹nett› werden. Nein – sie lernen, sich nicht dauerhaft über den Tisch ziehen zu lassen.[43] Ähnliche Ergebnisse finden Binmore[44] und Camerer,[45] der dieses Ergebnis sogar als «Standard» bezeichnet.

Eine weitere Studie von 2010 fand heraus, dass bereits Kleinkinder «Fieslinge abstrafen».[46] Sie bestrafen jene, die sie immer wieder übers Ohr hauen und sich nicht an Kooperationen beteiligen. Die Annahme, wenn schon nicht Erwachsene, so doch wenigstens Kinder würden allen Menschen gleichermaßen helfen, stimmt nicht. Vielmehr ist bereits bei Kindern die Hilfsbereitschaft davon abhängig, wie sich das Gegenüber verhält. Wir kommen nicht als Egoisten oder Altruisten auf die Welt, sondern wir können schon ganz früh in unserer Jugend unser Verhalten differenzieren. Und wir lernen auch, uns im Wettbewerb zu behaupten. Das ist aber kein Verfall der Moral, sondern ein Lernprozess. Man sollte daraus nicht den Schluss ziehen, durch Appelle an die Menschen, seien es vermeintlich ‹gierige› Manager oder ‹maßlose› Gewerkschafter, könne dieses Verhalten zurückgedreht werden. Damit wird das Problem nicht gelöst, das in der Logik des Wettbewerbs liegt, nicht in der Moral der Einzelnen.

Leider beginnt sich diese Erkenntnis erst allmählich auch in Bezug auf die experimentellen Ergebnisse durchzusetzen. Bisher herrscht noch oft die Ansicht vor, aus jenen Ergebnissen, die ein stärker ‹soziales› Verhalten nahelegten, als der neoklassische Mainstream der Ökonomik behaupte, ergäben sich praktische Folgen folgender Art: Beispielsweise schreibt Herbert Gintis (2009), es gebe starke Evidenz dafür, dass Menschen Präferenzen hätten, die sich auf andere bezögen («other regarding preferences»), und dass Menschen Opfer für bestimmte Einzelne oder Gruppen brächten, wenn sie feststellten, dass andere das auch täten.

Das heißt im Grunde: Wenn du mitmachst, bin ich auch dabei – das ist ein *reziproker* Quid-pro-quo-Altruismus, aber keiner, bei dem ein Beteiligter Opfer ohne Gegenleistung erbringen muss. Gintis zieht jedoch die Schlussfolgerung, wir bräuchten ein soziales System, das Fürsorge und das «Opferbringen für die Gesellschaft» («sacrificing on behalf of society») unterstützt. Wenn man damit ein System meint, dass den Wettbewerb durch geeignete Regeln so gestaltet, dass der Moralische nicht bestraft wird, ist das annehmbar. Wenn man jedoch ein System meint, das *statt* auf Wettbewerb auf Fürsorge und Opfer setzt, dann wäre das kontraproduktiv (und folgt auch nicht aus den Ergebnissen). Dieser Schluss wird aber in experimentellen Arbeiten leider immer noch oft gezogen: Aus Befunden, die vorsichtig formuliert vielleicht reziprok-altruistische Verhaltensweisen nahelegen, wird gefolgert, man müsse politische Rahmenbedingungen so ausrichten, dass sie gerade nicht wettbewerbliche oder marktliche Lösungen (etwa im Gesundheitswesen, s. Kap. 6) fördern. Falsch – wir müssen daraus einen anderen Schluss ziehen: Nämlich den zu verhindern, dass Moral ihre Vorteilhaftigkeit verliert. Wir müssen dafür sorgen, dass sie ihren Trägern Vorteile bringt.

Kapitel 4

Wettbewerb und Ökologie

Auf dem Feld der Ökologie finde ich besonders überzeugende Beispiele dafür, wie Wettbewerb und Markt ethischen Zwecken dienen können – und auch dafür, wie verzerrte Wahrnehmungen diese Verbesserungen lange behindern können: Lange Zeit zumindest hatte die Mehrzahl derer, die sich für ökologische Ziele einsetzten, in Wettbewerb und Markt Hauptfeinde der Umwelt ausgemacht. Durchweg lese ich in den entsprechenden Traktaten von Rachel Carson über Jutta Ditfurth, von den siebziger und achtziger Jahren bis heute, dass die moderne Wirtschaft und die mit ihr entfesselte Dynamik der ökonomischen Kräfte notwendig hauptverantwortlich sei für Umweltschäden, Raubbau an der Natur und Zerstörung der natürlichen Lebensgrundlagen. Der SPD-Politiker Herbert Ehrenberg formulierte 1978 sogar: «Jeder ökologische Denkansatz ist notwendigerweise antikapitalistisch.»[47] Da werden Beispiele angeführt, angefangen mit den durch die Industrielle Revolution verursachten Verschmutzungen in Boden, Gewässern und Luft, bis hin zu Themen wie Ozonloch, «Waldsterben» oder Klimaerwärmung.

Doch nach 1989 begann sich die Wahrnehmung allmählich zu wandeln. Zunächst geschah dies dadurch, dass im ehemaligen sozialistischen Ostblock Umweltschäden von massivstem Ausmaß sichtbar wurden und es somit auch einer breiten Öffentlichkeit klar wurde, dass Planwirtschaften nicht unbedingt ökologisch sauberer arbeiten als Marktwirtschaften. Die Hinterlassenschaften in Orten wie Bitterfeld, Kattowitz oder Tschernobyl sprechen eine deutliche Sprache.

Gleichzeitig – etwa seit den 1990er Jahren – begannen auch die Ökotechnologie, ökologische Produkte und ökologisches bzw. nachhaltiges Wirtschaften allgemein von einem Kostenfaktor zu einem Wettbewerbsfaktor zu werden. Nachhaltigkeit ist zu einem Vorteil im globalen Wettbewerb der Umwelttechnologien geworden und wird, gerade auch von Deutschland, in alle Welt exportiert. Einige Zahlen mögen dies belegen:

Laut dem aktuellen Umwelttechnologie-Atlas «GreenTech made in Germany 3.0», den Roland Berger im Auftrag des Bundesumweltministeriums 2012 erstellt hat, wird sich der Weltmarkt für Umwelttechnik bis 2025 mehr als verdoppeln. Das Gesamtvolumen dieser Technologien soll dann bei über 4,4 Billionen Euro weltweit liegen, bei jährlichen Wachstumsraten von mehr als 5 Prozent.[48] Auch andere Organisationen, etwa die renommierte US-amerikanische «Brookings Institution», sehen große Chancen und Wachstumsmöglichkeiten in der «clean economy»; sie stelle allerdings auch erhebliche Herausforderungen sowohl an das Management von Unternehmen als auch an öffentliche Einrichtungen:[49] Aufgrund der Schwierigkeiten bei Messungen seien zuverlässige langfristige empirische Daten immer noch Mangelware.

Immerhin einige liegen aber doch vor: Von 2003 bis 2010 ist der «Clean Energy»-Sektor, d.h. Solar- und Windenergie, Biotreibstoffe usw., deutlich stärker gewachsen als die US-Wirtschaft insgesamt. Vor allem hat sie viele neue Arbeitsplätze geschaffen: 18,4 Prozent Wachstum in der Solarenergiebranche und 14,9 Prozent in der Windkraft (2003–2010).[50]

Deutsche Unternehmen spielen in dieser Branche mit einem stabilen Marktanteil von durchschnittlich 15 Prozent nach wie vor eine sehr große Rolle, insbesondere auch kleine und mittlere Unternehmen. Laut Umwelttechnologie-Atlas haben sie einen Anteil von etwa 90 Prozent.

Die gleiche Studie rechnet damit, dass insgesamt bis 2025 eine

Million zusätzliche Arbeitsplätze geschaffen und dass die Umwelttechnologien bald ein Fünftel des deutschen Bruttoinlandsprodukts ausmachen werden. Von einem Widerspruch zwischen Ökologie und Ökonomie kann seriös nicht mehr geredet werden.

Völlig unverständlich erscheint vor diesem Hintergrund insbesondere die weiterhin beliebte Forderung einiger Protagonisten der öffentlichen Diskussion, wir müssten aus ökologischen Gründen unser Wachstum bremsen und letztlich möglichst völlig einstellen. Die von Autoren wie Harald Welzer vorgetragene Forderung nach einer «Welt ohne Wachstum» (Welzer 2013) müsste ja konsequenterweise auch die Forderung nach einem Ende des Wachstums der Ökotechnologie beinhalten. Es erscheint aber äußerst fraglich, dass dies der Umwelt in irgendeiner Weise zugutekommen würde. Pauschal gegen Wachstum zu sein offenbart nur eines: eine feindselige Haltung gegenüber Neuerungen, effizienten Technologien und Unternehmertum – auch und gerade im Bereich der Umwelttechnologien.

Meine Universität, die Technische Universität München, hat sich in den vergangenen Jahren und Jahrzehnten gerade in diesem Bereich außerordentlich profiliert, etwa – um nur einige Beispiele zu nennen – auf Gebieten wie nachhaltiger Wasserwirtschaft, Elektromobilität, grüner Biotechnologie, ökologischer Agrar- und Forstwirtschaft, Ressourcenmanagement, Architektur u.a. In allen diesen Bereichen lässt sich belegen, dass eine nachhaltige Verbesserung der Umwelt, ein nachhaltigeres Wirtschaften und auch eine ethisch relevante Verbesserung in benachteiligten Ländern nicht in erster Linie durch eine Anstrengung des Gewissens oder durch ein Lamentieren über Moralverfall erreicht wird, sondern durch technologische und ökonomische Bemühungen.

Hierzu zähle ich ausdrücklich die enormen Investitionen, die in Ländern wie China in weitaus größerem Maßstab als in Deutschland getätigt werden. In der deutschen Diskussion ist es ein Gemeinplatz, auf die zweifellos in vieler Hinsicht massive Umweltverschmutzung in China hinzuweisen, seien es der Smog in Peking, die Bodenerosion durch verstärkte Landwirtschaft oder Ähnliches. Ohne Frage haben die Belastungen der dortigen Umwelt seit Beginn des chinesischen Aufschwungs in den achtziger und neunziger Jahren stark zugenommen – so, wie es auch im Europa der Industrialisierung zunächst der Fall war.

Drei Unterschiede bestehen jedoch zwischen den Fällen: Zum einen ist die Technologie auf einem anderen Stand als im Europa des 19. Jahrhunderts. Wir haben heute viel mehr Möglichkeiten, ‹saubere› Techniken anzuwenden.

Zweitens ist das Bewusstsein für Umweltprobleme heute vorhanden, das in Europa lange brauchte, um sich zu entwickeln. Wir dürfen nicht vergessen, dass bis in die sechziger und siebziger Jahre hinein Umweltschäden auch im Westen nur selten als wirkliches Problem erkannt und ernst genommen wurden. Erst spektakuläre Aktionen von Greenpeace und anderen brachten das Thema auf die Tagesordnung. In China ist das Bewusstsein für Umweltschäden – trotz der noch relativ jungen Wachstumsdynamik (die Bevölkerung von Peking beispielsweise hat sich seit 1990 verdoppelt) – vorhanden: Es haben sich auch hier Organisationen der Zivilgesellschaft entwickelt, die sich für eine saubere Umwelt einsetzen. Hierzu gehören beispielsweise Organisationen wie «Global Village» in Peking (http://www.gvbchina.org), die sich für Recycling und den Ausbau des öffentlichen Nahverkehrs einsetzt, oder der WWF China, der nicht müde wird zu betonen, dass auch im Reich der Mitte des Umweltbewusstsein wächst.[51]

Drittens nehmen Umweltschäden in China nach vergleichsweise kurzer Zeit bereits viel größere Dimensionen an als in Europa – und das zwingt auch offizielle Stellen zum Handeln: Ein Regierungsbericht von 2008 ergab, dass das Wachstum des Bruttoinlandsprodukts ohne die Kosten der Umweltverschmutzung um ein Viertel höher hätte liegen können (10 statt 7,5 Prozent).[52] Mittlerweile werden deshalb von offizieller Seite alternative Energietechnologien in großem Stil gefördert, um die immer noch verhältnismäßig starke Abhängigkeit von der Stromerzeugung durch Kohle zu reduzieren. Riesige Auftragsvolumen etwa mit North West Shelf sowie BP stärken die Gasversorgung. Techniken zur Aufbereitung von Brauchwasser oder zur Entsalzung von Meerwasser werden von der Regierung massiv gefördert. Lokale Probleme wie extreme Dürren stehen ebenfalls ganz oben auf der offiziellen Tagesordnung, denn auch hier ist die örtliche Bevölkerung nicht mehr so einfach durch kurzfristige Maßnahmen ruhigzustellen. Die Abfallverbrennung wird in massivem Maße ausgebaut: China ist hier Boom-Markt.[53]

Aber eines dürfte feststehen: Mit Mäßigung haben diese massiven Umweltinvestitionen nichts zu tun. Im Jahr 2012 hatte China den höchsten Anteil an den weltweit in Umwelttechnologien und erneuerbare Energien investierten Mitteln: insgesamt etwa 70 Milliarden US-Dollar. Nach weiteren internen Berichten der chinesischen Regierung müssen nach 2020 sogar jedes Jahr zusätzlich weitere 243 Milliarden Dollar in den Umweltsektor investiert werden, um drohende ökologische Katastrophen noch verhindern zu können. Und Peking geht intern sogar davon aus, dass dies nicht reichen wird, sondern dass langfristig 2 Prozent des Bruttoinlandsprodukts (d. h. z. Zt. ca. 160 Milliarden US-Dollar) jährlich zusätzlich nötig sein werden, um die ökologische Wende zu schaffen.[54]

Das wären dann insgesamt fast eine halbe Billion US-Dollar pro Jahr (ca. 380 Milliarden Euro) für Umweltschutzmaßnahmen in China – etwa so viel wie das gesamte Bruttoinlandsprodukt von Norwegen oder Schweden. Zum Vergleich: Die gesamten Umweltschutzaufwendungen Deutschlands, die im internationalen Vergleich schon eine beträchtliche Höhe erreicht haben, betragen derzeit etwa 35 Milliarden Euro. Kein Umweltminister aber kann das Budget hierzulande auf die Höhe des chinesischen wachsen lassen.

Mit seinen Anstrengungen will China u. a. den Anteil erneuerbarer Energien landesweit auf 15 Prozent bis 2020 erhöhen. Bis 2015 soll die Windkraft eine Leistung von 100 GW erreichen (Deutschland 2011: ca. 54 GW durch Wind- *und* Solarkraft).[55]

Die chinesischen CO_2-Emissionen sollen massiv verringert werden, Smog und Wasserverschmutzung sollen bekämpft, fruchtbares Land vor der Zerstörung gerettet werden. Die Elektromobilität soll bis 2020 mit umgerechnet 11 Milliarden Euro gefördert werden, bis dahin soll es in China 5 Millionen Elektrofahrzeuge geben.[56] Die Kohleindustrie wird deutlich modernisiert, so baut China viele Hochtemperaturanlagen zur Kohleverbrennung, die den Smog wesentlich reduzieren und umweltfreundlicher als beispielsweise viele US-amerikanische Kraftwerke sind.[57] Viele klimaschädliche Fabriken werden geschlossen.[58] Davon hat nicht nur China etwas, sondern es wirkt sich auf den Zustand der Umwelt und den Klimaschutz weltweit positiv aus. D.h., wir profitieren davon, dass sich die Chinesen gerade nicht mäßigen, sondern erkannt haben, dass sie Umweltschutz im Interesse des weiteren Wachstums ausbauen müssen.

In dieser Situation wird noch einmal deutlich, wie überholt es ist, Ethik gegen Ökonomik bzw. Gewinninteressen und Profitmaximierung gegen Ökologie auszuspielen: Wir können nicht – und wir müssen auch nicht – China und anderen rasch wachsenden Ländern vorschreiben, wie viele Autos sie kaufen, wie viele Güter sie konsumieren und wie viel Energie sie verbrauchen dürfen. Seit den siebziger Jahren wird immer wieder die Befürchtung geäußert, Marktwirtschaft und Wirtschaftswachstum würden kollabieren, wenn die Chinesen es den Industrieländern nachmachen und im Konsum nachziehen wollten. Daraus ergibt sich die ethische Falle, dass man einerseits aus moralischen Gründen Wachstum verhindern will, andererseits, ebenfalls aus moralischen Gründen, China und anderen nicht vorschreiben kann, was sie zu tun hätten – gerade auch deswegen, weil sie nur den im Westen bestehenden Entwicklungsvorsprung aufholen wollen.

Diese Falle löst sich nun auf: Es ist zwar richtig, dass die weitere wirtschaftliche Entwicklung Chinas, wie auch Indiens, Brasiliens und anderer vergleichbarer Staaten, enorme ökologische Herausforderungen mit sich bringt. Diese lassen sich jedoch nicht mit westlicher Anti-Wachstums-Ideologie lösen, sondern nur mit Hilfe der ökonomischen Logik, die zu massiven Investitionen führt – und auch zu weiterem Wachstum.

Lokal ist nicht gleich ökologisch – Ecologies of scale

Zur Anti-Wachstums-Ideologie gehört die weitverbreitete Meinung, es sei grundsätzlich ökologisch sinnvoller, Güter, insbesondere Lebensmittel, lokal herzustellen und von lokalen Produzenten bevorzugt zu kaufen. Daraus wird gern die Konsequenz gezogen, dass verstärkter Wettbewerb in diesem Bereich nichts für ökologische Belange bringen würde, da der Wettbewerb nur verstärkt Anbieter aus anderen Regionen, Ländern und Kontinenten auf den Markt riefe – was wiederum die lokalen Produzenten gefährde.

Ich habe bereits in Kap. 2 darauf hingewiesen, dass solche Argumente aus ökonomischer Sicht nicht im Interesse der Konsumenten liegen können. Versucht man, den Wettbewerb einzuschränken, so nutzt man damit nur jenen Anbietern, die bereits auf dem Markt sind und ihre Pfründe gefährdet sehen. Das ist die eine Seite. An dieser Stelle will ich aber zusätzlich darauf hinweisen, dass Einschränkungen des Wettbewerbs – insbesondere auch zugunsten lokaler Anbieter – nicht grundsätzlich ethisch positiv *aus strikt ökologischen Gründen* beurteilt werden können.

Um die Umweltverträglichkeit eines Gutes beurteilen zu können, ist es bereits seit vielen Jahren üblich, Ökobilanzen über die gesamten Wechselwirkungen mit verschiedenen Aspekten der Umwelt aufzustellen, und zwar nicht nur als Momentaufnahme, sondern über den gesamten Produktlebenszyklus hinweg. Seit einigen Jahren gibt es dafür sogar ISO-Normen (insbesondere die ISO 14001) – und so manche aus ökologischer Sicht scheinbar eindeutige Produktbewertung musste revidiert werden.

Der Gießener Professor für Lebensmitteltechnik Elmar Schlich hat diese Idee zu seinem Ansatz der «ecologies of scale» weitergeführt. *Ecologies of scale* sind ökologische Gewinne – oder neutraler gesprochen: Verbesserungen, die durch eine Vergrößerung des Betriebs entstehen. Schlich hat über viele Jahre hinweg Studien zu verschiedenen Branchen erstellt, die viele kontraintuitive Beispiele für unerwartete ökologische Auswirkungen liefern. Generell ist ein entscheidendes Moment für die ökologische «Güte» die Größe des produzierenden Betriebs – und nicht der kurze Transportweg. Kurze Transportwege nehmen für die ökologische Vorzugswürdigkeit nicht den einzig entscheidenden Stellenwert ein – was dem üblichen ökologischen Moralempfinden klar widerspricht, das so gern für lokale und regionale Kleinbetriebe plädiert und für «Small is beautiful».

So hat Schlich beispielsweise die Produktion von Lammfleisch in Deutschland und Neuseeland verglichen.[59] Dabei sind mehrere Faktoren von entscheidender Bedeutung: Negativ schlägt zwar der lange Transport von Neuseeland nach Deutschland zu Buche; dabei werden mehr als 20 000 Kilometer zurückgelegt. Dem steht aber die Produktionsweise des neuseeländischen Lammfleisches gegenüber, die im Vergleich zu jener der deutschen Erzeuger nur ein Drittel der Energie benötigt. Dies hat mehrere Gründe:

Zum einen ist es in Neuseeland schlicht das ganze Jahr über

wärmer als hierzulande – und es wird nie wirklich kalt. Die Tiere können ganzjährig im Freien leben – und müssen im Winter nicht in beheizte Ställe gebracht werden. Die Heizkosten sind ein wesentlicher Faktor, gerade bei den immer weiter steigenden Energiekosten (und der Problematik der Energiewende) machen sie einen erheblichen Teil der Gesamtkosten aus.

Aber die rein ökonomischen Argumente sind nur die eine Seite; hier geht es mir um die strikt ökologischen: Die Energiebilanz fällt deutlich zugunsten Neuseelands aus. Wir leben in Deutschland nun einmal in einem deutlich kälteren Klima, in dem es – ausdrücklich aus *ökologischen* Gründen – sinnvoll sein kann, die Produktion zumindest bestimmter Fleischarten stärker anderen Ländern zu überlassen.

Zum Zweiten werden die neuseeländischen Schafherden weitgehend sich selbst überlassen, sie müssen nicht gehütet werden. Das Hüten von Schafen verschlechtert die Energiebilanz weiter, indem Schafhirten mit dem Auto zur Arbeit fahren oder ein Schlachthof ebenfalls mit einer Heizung ausgestattet sein muss.

Der dritte und wohl wichtigste Faktor ist aber die Größe der Betriebe. Die neuseeländischen Schafherden sind riesig, sie umfassen im Durchschnitt zwischen 1000 und 2000 Schafe.[60] In Deutschland sind sie um Größenordnungen kleiner. Erst bei einer jährlichen Produktion ab 100 Tonnen Fleisch werden laut Schlich die Produktions- und Transportmittel effizient genutzt. Kleintransporte, wie in Deutschland verbreitet, fallen dagegen energiebilanztechnisch deutlich ab. Für die entscheidende Größe des Energieumsatzes pro Kilogramm sind die globalen Transporte – sofern sie nicht per Flugzeug (was selten ist), sondern im Container per Schiff, Bahn und LKW erfolgen – geradezu zu vernachlässigen.

Es kommt also letztlich nicht darauf an, in welchem Land oder welcher Region ein Betrieb angesiedelt ist: Schlichs Untersuchungen haben ausdrücklich ergeben, dass die Vorteile für große Unternehmen einschließlich «aller Aufwendungen für kontinentale oder globale Transporte, die in aller Regel per Containerschiff, Bahn und L KW durchgeführt werden» (Schlich 2011, 4), gelten. Und weiter heißt es: «Die häufig vermuteten Vorteile der kurzen Transportwege innerhalb einer Region können bei zu geringen Betriebsgrößen durch Mängel in der Logistik und zu kleine Fahrzeuge mit geringer Auslastung sehr schnell zunichte gemacht werden.» (Ebd.) Entsprechende Unternehmen in Deutschland können zwar auch über eine gute Energiebilanz verfügen – aber nur, wenn sie eine Mindestbetriebsgröße überschreiten. Die Größenvorteile sprechen, jedenfalls unter Umweltaspekten, sogar eher für genossenschaftsartige Zusammenschlüsse.

Kontraproduktive Moral im Wettbewerb: Biokraftstoffe

Das Beispiel der *ecologies of scale* zeigt, wie gut gemeinte, im moralischen Gewand auftretende Maßnahmen, in diesem Fall etwa zur Förderung lokaler Erzeuger, im globalen Wettbewerb ökologisch kontraproduktiv sein können. Das Engagement für ökologische Belange muss ökonomische *und* ökologische Gesetzmäßigkeiten in Rechnung stellen, damit es auch nach einer gründlichen Überprüfung tatsächlich ethisch wertvoll genannt werden kann.

Ein weiteres prominentes Beispiel für solche kontraproduktiven Maßnahmen liefert der Anbau von Biokraftstoffen. Auch hier sind die Absichten zweifellos sehr gut, aber die Auswirkungen durch den globalen Wettbewerb sind fatal. Zumindest nach Ansicht vieler Beobachter führt der – auf Kosten von Nahrungsmitteln – verstärkte Anbau von Mais und anderen für Biokraftstoffe verwertbaren Pflanzen dazu, dass die Preise für Lebensmittel in den ärmeren Ländern steigen. Wenn das zutrifft, so findet im Lebensmittelsektor schlicht eine klassische ökonomische Preisreaktion durch Veränderung der Nachfrage statt – und nicht eine außerordentliche Verteuerung durch exzessive Spekulation, wie oft behauptet. Der Wirtschaftsethiker Ingo Pies von der Universität Halle weist in mehreren Studien darauf hin, dass neben ‹natürlichen› Faktoren wie der gestiegenen Lebensmittelnachfrage in Schwellenländern die massive Subventionierung des Biosprits in den USA und in der EU maßgeblich dazu geführt hat, dass Lebensmittel in Drittweltländern knapp werden.[61] Das Resultat beklagen viele Kritiker – nur versuchen sie, es mit dem moralischen Fehlverhalten Einzelner zu erklären, mit dem ‹ungezügelten Gewinnstreben› und der Gier der Spekulanten. Stattdessen müssen das System des Wettbewerbs und seine strukturellen Bedingungen unter die Lupe genommen werden.

Der Wettbewerb funktioniert völlig normal, aber er führt zu Ergebnissen, die sich für eine Seite nachteilig auswirken. Das heißt, die Rahmenbedingungen des Wettbewerbs sind nicht optimal gesetzt und müssten verändert werden. Damit ist nicht gemeint, dass wir auf ökologischere Mobilität verzichten sollten; nur müssen – gerade aus ethischer Sicht – die *Gesamt*auswirkungen betrachtet werden. Dazu gehören neben der Verteuerung und Verknappung von Lebensmitteln in weniger reichen Ländern auch weitere *ökologische* Auswirkungen. Es ist im Rahmen der Gesamt-Ökobilanz nicht klar, ob die positiven oder negativen *ökologischen* Auswirkungen überwiegen; so kann in bestimmten Ländern etwa die Bereitstellung neuer Anbauflächen die Klimabilanz verschlechtern und letztlich mehr Treibhausgase freisetzen.[62]

Ethik sollte hier wiederum nicht Mäßigung empfehlen, im Sinne einer Mäßigung der Spekulanten oder eines Verzichts auf Wettbewerb in bestimmten Bereichen, d. h. hier bei Lebensmitteln. Das kann durchaus kontraproduktiv sein, denn Wettbewerb erfüllt auch im Nahrungsmittelsektor eine wichtige Rolle, wenn er Knappheiten signalisiert und Produzenten Hinweise auf bestehende Nachfrage gibt. Allerdings werden diese Preissignale ausgehebelt, wenn durch Subventionierung von Biosprit zusätzliche Randbedingungen und Anreize den Marktmechanismus verzerren.

Eine Ethik des Wettbewerbs empfiehlt daher gerade *keine* Mäßigung: Die Anbieter sollen auch im Nahrungsmittelsektor in scharfe Konkurrenz zueinander treten. Der Wettbewerb als solcher sollte nicht «gezügelt» oder gar abgeschafft werden. Stattdessen sollten die Rahmenbedingungen so gesetzt werden, dass sie Wettbewerb *auch für die und zugunsten der Ärmeren* stattfinden lassen. Dass dies funktioniert, lässt sich an zahlreichen Beispielen zeigen. Stellvertretend seien hier aufgeführt:

1) Wettbewerb führt zu Recycling und Ressourceneffizienz: Der Wettbewerbsdruck zwingt dazu, möglichst sparsam mit Ressourcen umzugehen und zu recyceln. Recycling geschieht nicht nur durch staatlichen Druck, sondern auch aus Effizienzgründen. So ist die Verwendung von Pressspan, d. h. Abfällen, die bei der Holzverarbeitung entstehen, in der Möbelherstellung ein erheblicher ökologischer Gewinn für die Wälder; insbesondere angesichts der enormen Dimension der Nutzung durch Großunternehmen wie Ikea. Ähnliches gilt für die vielen Beispiele von Altplastik, beispielsweise aus Kunststoffflaschen, das zu Heizöl,[63] Bekleidung oder gar Plektren für Gitarren verarbeitet wird.[64] (Experten weisen aber auch darauf hin, dass das Recycling von Plastik-Kreditkarten wenig nutzbringend ist; eine Verbrennung kann hier sinnvoller sein.)[65]
2) Wettbewerb senkt Kosten: Für die Umwelt ist die Senkung von Material- und Energieverbrauch in der Produktion ein entscheidender Faktor. Hier fallen ökonomische und ökologische Aspekte nur dann auseinander, wenn man von staatlicher Seite energieintensive Betriebe künstlich belohnt, indem man sie von der Erneuerbare-Energien-Umlage (EEG-Umlage) befreit. Das ist system- und ökologiewidrig.[66]
   Ein anderes Beispiel liefert die Verbreitung von Cloud Computing: Die Nutzung von verteilten Cloud-Anwendungen

zieht gerade für kleinere und mittelgroße Nutzer, wie eine Studie der Universität Lüneburg belegt, «in der Regel eine deutliche Verbesserung der Ökoeffizienz nach sich».[67]

3) Auf dem Lebensmittelmarkt führen die Wünsche der Verbraucher dazu, dass der Wettbewerb immer mehr Biomärkte hervorbringt: Das Wachstum hier liegt bei etwa 9 Prozent pro Jahr.[68] Aber es sind eben nicht (oder nicht mehr) in erster Linie die kleinen lokalen (überspitzt: antikommerziellen) Erzeuger dafür verantwortlich, sondern große Ketten wie Alnatura, Dennree mit etwa 100 Märkten bundesweit, Bio Company oder Whole Foods Market in den USA und Großbritannien. Deren Gewinnstreben im Wettbewerb dient der Umwelt massiv.
4) Der Wettbewerb findet nicht nur zwischen den Anbietern, sondern mittlerweile auch zwischen den NGOs statt. Diese müssen sich dem Vergleich mit anderen stellen, und es gibt sogar Anbieter wie Givewell.org, die NGOs nach der von ihnen produzierten ‹Moral› bewerten. Das kann sich erheblich auf das jeweilige Spendenaufkommen auswirken – auch hier spielt die Konkurrenz also eine große Rolle.

Viele weitere Beispiele ließen sich aufzählen. Aber eines wird deutlich: Ökologische Verbesserungen sind nicht gegen die ökonomische Logik zu erkämpfen. Und sie laufen auch nicht zwangsläufig auf eine Welt ohne Wachstum hinaus. Diese Forderung, pauschal erhoben, ist kontraproduktiv, sie ist neuerungs- und innovationsfeindlich. Wachstum ist auf absehbare Zeit auch für ökologische Zwecke förderlich – es sei denn, man richtet seinen Blick nur auf die Verhältnisse in Deutschland. Keine Mäßigung, sondern scharfer Wettbewerb auch im Umweltsektor ist ethisch wünschenswert.

Kapitel 5

Wettbewerb und Bildung

Der Bildungssektor hat in Deutschland in den vergangenen Dekaden zahlreiche Umbrüche erlebt – und steckt schon wieder mitten in einem. So wie frühere werden auch die gegenwärtigen Debatten zu Themen wie G8/G9, gymnasialer Übertritt, Notengebung, Ganztagsschule, dreigliedriges Schulsystem usw. in der Regel sehr emotional geführt. Dazu tragen letztlich auch Bücher wie Manfred Spitzers «Digitale Demenz» (2012) und Richard David Prechts «Anna, die Schule und der liebe Gott: Der Verrat des Bildungssystems an unseren Kindern» (2013) bei, die berechtigterweise auf Missstände aufmerksam machen, gleichzeitig aber mit der Emotionalisierung des Themas spielen.

Von mehreren Seiten ist in den vergangenen Jahren versucht worden, durch Einspeisung empirischer Daten die Diskussionen zu versachlichen. Insbesondere die empirische Bildungsforschung unternimmt einiges, um auf breiter Front Daten zu sammeln. Der sogenannte «Pisa-Schock» folgte 2001 auf die Bekanntgabe der ersten Pisa-Ergebnisse für Deutschland. Diese Ergebnisse sagten unter anderem aus, dass

- die Leistungen deutscher 15-jähriger Schüler in den Bereichen Mathematik, Naturwissenschaften und Lesekompetenz erheblich unter dem Durchschnitt aller OECD-Länder lagen,
- es besonders in Deutschland einen engen Zusammenhang zwischen sozialer Herkunft und Bildungserfolg gebe,
- Spitzenleistungen zu wenig gefördert würden.

Neben der pädagogischen Bildungsforschung ist aber auch die Bildungsökonomik zu nennen, die mit Reformvorschlägen auf der Basis ökonomischer Analysen aufwartet (etwa Wößmann 2007). Im Zuge der bildungsökonomischen Arbeiten spielen durchaus auch der Wettbewerb und seine positive Funktion eine Rolle. Allerdings ist mir die Stoßrichtung nicht immer klar: Welche Parameter sollen dem Wettbewerb ausgesetzt werden? Wettbewerb zwischen wem – und um was?

Manche sind beispielsweise der Ansicht, die Schüler müssten stärker einem Wettbewerb um gute Noten ausgesetzt werden: Das ist seit der Einführung des G8 zweifellos geschehen. (Ob hier der Erfolg die Mittel rechtfertigt, wage ich zu bezweifeln – aber dazu gleich mehr.) Man kann aber, wie ich meine, Wettbewerb auch auf ganz anderen Ebenen ansetzen lassen.

Eigentlich braucht man nur auf die Grundlagen der Wettbewerbslogik zurückzugehen: Um seine ethischen Funktionen zu erfüllen, findet Wettbewerb zwischen den *Anbietern* statt – und nicht in erster Linie zwischen den *Nachfragern*. Was im *schulischen* Bildungsbereich (die Hochschulen dagegen haben sich seit den Bologna-Reformen bereits erheblich angepasst) bisher meist verlangt wird, ist größerer Wettbewerbsdruck auf die *Nachfrager*, d. h. hier: die Schüler – und mit ihnen die Eltern. Schule wird zum Durchlauferhitzer – da sollte man sich nicht wundern, dass gegenwärtig ein Umschwung zurück zum G9 stattfindet. Das, was gerade im G8-System in vielen Bundesländern heute von den Schülern verlangt wird, kann oft nur unter massivem Einsatz der Eltern geleistet werden, nicht allein von den Schülern selbst.

Das alles widerspricht der Logik des Wettbewerbs.

Sollte es nicht eher so sein, dass die *Anbieter* von Bildungsleistungen – und das sind nun einmal die Schulen – um gute Schüler und gute Leistungen wetteifern? Wir verlangen doch auch von potenziellen Autokäufern nicht, dass sie darum kämpfen, ein gutes Auto zu bekommen.

Moment, vielleicht ist diese Argumentation vorschnell. Es gibt zweifellos Unterschiede zwischen Autos und Schulstunden. Aber welche sind hier relevant?

1) Ein Auto ist ein materielles Gut, Schulstunden sind eher mit Dienstleistungen zu vergleichen. Aber: Um andere Dienstleistungen gibt es ebenfalls Wettbewerb. Damit lässt sich also kein Unterschied begründen.
2) Die Kunden sind im ersten Fall Erwachsene, im zweiten Fall in der Regel Minderjährige – allerdings habe ich bereits darauf hingewiesen, dass die Eltern mit berücksichtigt werden müssen. Kunden im Schulsektor sind nicht nur die Schüler. Zum anderen gibt es ja auch viele andere Bereiche, in denen Anbieter um Kinder als Kunden kämpfen, von Hello-Kitty-Artikeln über iPad-Apps bis hin zu Minecraft-Merchandising. Daran kann es also auch nicht liegen.
3) Liegt es daran, dass Schulen Schüler zertifizieren, dass sie gewissermaßen Qualitätssiegel vergeben, um die sich die Nachfrager bemühen müssen? Wenn das so wäre, müsste man aber konsequenterweise auch verlangen, dass es – beispielsweise – keinen Wettbewerb zwischen Dekra und TÜV, zwischen unterschiedlichen Versicherungsanbietern für Riester-Rentenformen o. Ä. oder zwischen unterschiedlichen Akkreditierungsagenturen für Hochschulstudiengänge geben dürfte. Tatsächlich ist das aber der Fall. Und es gibt ja schließlich auch im Schulsektor hinreichend viele Privatschulen, die ebenfalls staatlich anerkannte Abschlüsse vergeben dürfen.
4) Sollte es ein ethisches Argument geben, das es verbietet, von Schule als Markt zu sprechen und von Schülern als Kunden? Aber auch dann dürfte es a) keine Privatschulen, b) keinen Wettbewerb zwischen (beispielsweise) unterschiedlichen Gymnasien (wie besonders in Großstädten üblich und auch mit entsprechendem Marketing geführt) oder c) keinen Wettbewerb zwischen verschiedenen Schulformen (etwa Gymnasium und Gesamtschule) geben.

Mir gehen die Argumente aus. Es ist mir nicht ersichtlich, warum der Schulsektor anders strukturiert sein soll als andere Bereiche, in denen Wettbewerb herrscht. Wenn das aber so ist, muss auch die Logik des Wettbewerbs ernst genommen werden.

Faktisch ist das ja zweifellos auch der Fall; die Leiter von Gymnasien oder anderen weiterführenden Schulen gerade in Ballungsgebieten sind sich des Wettbewerbs voll bewusst. Aber was ist mit Bildungspolitik – und mit der Bildungsforschung? Sind sie sich der Implikationen ihrer – wie ich unterstelle: gut gemeinten – Bemühungen immer bewusst?

Zunächst einmal: Worin besteht das Problem? Das lässt sich relativ schnell umreißen: Das gegenwärtig gravierendste Problem des Schulsektors besteht darin, dass sich seit den letzten Schulreformen, der Verkürzung der Gymnasialschulzeit und der Umstellung auf das G8, die Schulen (und das heißt vor allem: die Gymnasien) massiv gewandelt haben. Die Auswirkungen sind von Bundesland zu Bundesland unterschiedlich stark, aber zu spüren sind sie überall (mit Ausnahme einiger weniger Länder wie Rheinland-Pfalz, das die Umstellung nicht vollzogen hat):

1) In den meisten Bundesländern (insbesondere etwa Bayern und Baden-Württemberg) ist die Umstellung ohne nachhaltige Korrekturen im zu bewältigenden Stoff erfolgt. Der Stoff ist oft derselbe geblieben; aber er soll jetzt schneller gelernt werden. Zuweilen werden mögliche Korrekturen, gerade von Seiten der katholischen Kirche, mit dem Hinweis torpediert, Schulreformen dürften auf keinen Fall zu Lasten der Bildungsstandards erfolgen.

   In der Praxis hat die G8-Reform daher insbesondere in jenen Bundesländern, die schon vorher im Ruf standen, über besonders hohe Standards zu verfügen, zu einer weiteren und realistischerweise nicht mehr zu bewältigenden Stofffülle und zu jener Art «Bulimie-Lernen» geführt, die von Pädagogen und Psychologen seit Langem angeprangert wird. Ziel ist oft nicht mehr, einen bestimmten Stoff nachhaltig zu vermitteln, *damit* die Schüler ihn begreifen. Wenn überhaupt noch formulierbare Ziele vorliegen (und nicht ein rein selbstreferentieller Ablauf nach abstrakten Regeln vorliegt), so ist das Ziel nur noch, die nächste Klausur/Schulaufgabe/Arbeit/Test zu schreiben.

2) Was wird in diesen Tests erhoben? Generell lässt sich nicht leugnen, dass das Tempo der schulischen Wissensvermittlung seit den Entwicklungen, die auf den Pisa-Schock 2001 folgten, massiv zugenommen hat. Ich bestreite dabei nicht, dass im früheren Schulsystem in *manchen* Bundesländern durchaus noch Luft war. Aber die nach dem Beginn der Pisa-Studien folgende Tempoerhöhung auf breiter Front war zu viel des Guten. Es soll zu viel in zu kurzer Zeit vermittelt werden.
   Die Studien der empirischen Bildungsforschung entspringen ja zweifellos den besten Intentionen. Sie haben zweifellos auch positive Seiten, aber dennoch: Durch den ständigen empirischen Druck auf die schulische Praxis, der auch mit zusätzlichen Tests für die Zwecke der Bildungsforscher weiter erhöht wird, kommt es einer Art Wettbewerb, die auf dem Rücken der Schwächsten – der Kinder – ausgetragen wird. Und diese Art von Wettbewerb ist ethisch nicht akzeptabel.

Man muss die Grundsatzfrage stellen: War die Verkürzung der Schulzeit wirklich notwendig? Oder haben wir es hier nicht eher mit einer Form des vorschnellen Gehorsams auf Vorgaben zu tun, die nicht nur von der Politik, sondern ursprünglich auch von den Studien empirischer Forscher ausgingen? In der Politik und in der gesamten öffentlichen Diskussion waren viele schnell der Meinung, auf die Pisa-Studien könne nur mit Verkürzung der Schulzeit reagiert werden – damit Deutschland wettbewerbsfähig bleibe. Diese Überlegungen sind ja im Grundsatz sinnvoll. Nur wurde nicht ausreichend bedacht, dass sich das gesamte Bildungssystem – wie jedes hochkomplexe System – nicht in einfacher Manier steuern lässt. Niklas Luhmann (1997) hat dies in seiner Systemtheorie hinreichend dargelegt: Moderne Gesellschaften sind funktional in viele Subsysteme differenziert.

Die wichtigsten Funktionssysteme sind: Recht, Wissenschaft, Wirtschaft und Politik. Diese Subsysteme verarbeiten Probleme nach ihren eigenen Codes, in die man mit den Codes anderer Subsysteme nicht einfach eingreifen kann. Die Funktionen dieser Systeme sind auch nicht durch andere Funktionssysteme ersetzbar. Entscheidend ist: In der «Wirtschaft» können Informationen nur gemäß ökonomischem Code verarbeitet werden – Informationen in anderen Codes bleiben für die «Wirtschaft» nur «leeres Rauschen» («white noise»). Die Wirtschaft kann moralische Appelle nicht «verstehen», im Gegenteil, Maßnahmen, die mit moralischen Intentionen angegangen werden, erreichen nicht selten das Gegenteil: Ein Beispiel sind etwa jene Steuerkonzepte, die versuchen, mehr Gerechtigkeit durchweg durch höhere Steuern für sogenannte «Besserverdienende» zu erreichen. Wenn wissenschaftliche Institute diese Konzepte in ihren Auswirkungen auf alle Bürger durchrechnen, ergibt sich regelmäßig das Bild, dass weitaus mehr Gruppen negativ betroffen sind als beabsichtigt und dass sich im Endergebnis Steuergerechtigkeit einfach nicht in der simplen Weise einer Umverteilung erreichen lässt.

Ähnlich gilt dies auch für das Bildungssystem: Fängt man an, in den bereits funktionierenden, lange etablierten Code einzugreifen, dann zieht das sehr viele Nebenwirkungen nach sich. Man erreicht – auch und gerade mit den besten Intentionen – nicht unbedingt das, was man erreichen wollte. Beispielsweise ist das Thema Gerechtigkeit auch hier sehr präsent; dem deutschen Bildungssystem wird nicht selten vorgeworfen, es fördere den sozialen Aufstieg nicht hinreichend. Kinder aus bildungsfernen Schichten hätten weniger Aufstiegsmöglichkeiten als in anderen Ländern.

Das Ziel, solche Aufstiegsmöglichkeiten zu verbessern, ist zweifellos ein legitimes, nur: Wie erreicht man es? Der Ausbau von Ganztagsschulen ist sicherlich ein wichtiger Punkt, der allen gesellschaftlichen Gruppen bzw. Schichten mehr Möglichkeiten der Förderung von Kindern eröffnet. Wenn man allerdings versucht, mit Hilfe immer neuer Leistungserhebungen, Vergleichstests u.a. die vermeintliche Transparenz zu erhöhen und damit die Chancengerechtigkeit bildungsferner Familien zu verbessern, so wird das in der Regel nicht zum gewünschten Ziel führen, sondern kontraproduktiv sein. Die über mehr Geld und Bildungsvorsprung verfügen, werden besser mit solchen zusätzlichen Tests umgehen und sich darauf vorbereiten können. Was man allenfalls erreicht, ist, dass für alle alles aufwändiger, stressiger und komplizierter wird: Was ist damit gewonnen?

Ich kann hier kein alternatives Konzept liefern, ich kann nur auf die Problematik im Kontext einer Ethik des Wettbewerbs hinweisen: Die Komplexität des sozialen Systems wird auch im Bildungssektor unterschätzt, was zu (gerade in ethischer Hinsicht) kontraproduktiven Auswirkungen führt.

Sind denn womöglich die Zielsetzungen eines anderen Funktionssystems, insbesondere etwa der «Wirtschaft», für Missstände im Bildungssystem verantwortlich?

Gelegentlich wird diese Anschuldigung geäußert: Die Verkürzung der Schulzeit sei «für die Zwecke der Wirtschaft» erfunden und durchgeführt worden. Diese Anschuldigung greift aber wiederum zu kurz: Es ist zwar richtig, dass auf die zu langen Ausbildungszeiten in Deutschland von Seiten der Wirtschaft immer wieder hingewiesen worden ist. Allerdings geschah dies schon zu Zeiten der 80er und 90er Jahre, als der «Pisa-Schock» noch nicht in Sichtweite war. Nein, die Verkürzung ist nicht von Seiten der Wirtschaft initiiert worden, sie ist Resultat vieler vorangegangener Wahrnehmungen schulischer Situationen, die sich durch bestimmte geschickt kommunizierte empirische Ergebnisse auf ein Ventil fokussierten, das schließlich nur einen Schluss zuzulassen schien: die Schulzeit zu verkürzen als einzig gangbarer Weg.

Für die Ethik des Wettbewerbs ergibt sich unabhängig vom Thema Bildung: Der Wettbewerb sollte – als Grundprinzip, als Grundkonstellation – nicht geleugnet werden. Die Abiturienten und Absolventen stehen faktisch im Wettbewerb mit anderen. Und die Wettbewerbsfähigkeit eines Landes, die in Deutschland in den letzten Jahren laut Wettbewerbsindex des Weltwirtschaftsforums deutlich zugenommen hat (2013: Platz 4 weltweit, noch vor den USA[69]), hängt mit der Qualifikation seiner Schulabgänger zusammen. Kritiker der Pisa-Studien begehen oft den Fehler, berechtigte und gut begründete Kritikpunkte mit einer Grundsatzkritik an zu stark wettbewerblicher Ausrichtung von Bildung, gar an einem «Bildungs-Kapitalismus» (Richard Münch) zu verbinden.[70] Aber Ökonomisierung und Wettbewerb sind nicht die Schuldigen.

Das heißt wiederum – wie auch in den vorangegangenen Kapiteln – nicht, dass Wettbewerb unter allen Umständen beste Ergebnisse liefert. Dies hängt vielmehr (auch hier) vom Ordnungsrahmen des Wettbewerbs ab, der (auch hier) so gestaltet werden muss, dass der Wettbewerb das leistet, was die Nachfrager wünschen: Eltern und Kinder haben ein Interesse an Wettbewerbsfähigkeit, zweifellos. Eine Schule ohne Zensuren oder jedenfalls vergleichende Bewertungen irgendwelcher Art wäre kaum sinnvoll.

Aber andererseits kann es auch nicht sinnvoll sein – wie manche Bundesländer immer noch denken –, die Notenskala so weit wie möglich nach unten zu verschieben, Einsen und Zweien kaum bis gar nicht zu vergeben und dafür möglichst viele Fünfen und Sechsen. Erstens brauchen wir die Absolventen. Wir brauchen insbesondere eine deutlich höhere Zahl von Abiturientinnen und Abiturienten, auch wenn dies mancherorts noch immer relativiert bis bestritten wird. Und zweitens: Die Verbesserung der Wettbewerbsfähigkeit darf nicht auf Kosten der Eltern und Kinder gehen.

Das heißt also auch hier: Nicht den Wettbewerb abzuschaffen, sondern ihn anders/besser zu gestalten, ist die Aufgabe. Es ist eine Aufgabe einerseits für die Politik, die Institutionen gestaltet, andererseits aber auch ein Auftrag an die empirische Bildungsforschung, die hier gewissermaßen die Rolle der Ökonomik, insbesondere der Institutionenökonomik, in anderen Bereichen übernimmt:

Die empirische Bildungsforschung muss sich an Daten orientieren – und sollte dabei nicht aus den Augen verlieren, wer ihre Adressaten sind: Wünsche von Eltern und Kindern sollten als empirische Daten verwendet und ernst genommen werden, – nicht nur die vermeintlich ‹objektiven› Fakten wie Testergebnisse und Schülerperformanz.

Die empirische Bildungsforschung hat damit Fortschritte der Methodologie und Wissenschaftstheorie der letzten Jahrzehnte nicht ernst genommen, die sich seit Thomas Kuhn und anderen von der positivistischen Vorstellung einer objektiven, von subjektiven Einflüssen völlig freien Erkenntnis weitgehend gelöst hat.[71] Der Positivismus, die Ansicht, ‹positive› Daten lieferten interpretationsunabhängige Erkenntnisse, ist in vielen empirischen Disziplinen noch durchaus verbreitet: Man glaubt scheinbaren ‹harten Fakten› – und sieht nicht, dass diese oft mehr als eine Deutung zulassen.

Um nicht missverstanden zu werden: Die Bestrebungen der Bildungsforschung, Vergleichbarkeit in einem schwierig vergleichbaren Gebiet herzustellen, sind grundsätzlich in der Intention zu begrüßen. Nur haben sie erhebliche Rückwirkungen auf das gesellschaftliche System, auf das sie sich beziehen. Dieses System besteht nicht nur aus Schulen und Lehrkräften (was allein schon komplex genug wäre), sondern natürlich gehören auch Schüler und Eltern mit dazu, so wie ihr gesellschaftliches Umfeld. Und hier kann man sich nicht immer des Eindrucks erwehren, dass diese Komplexität von der empirischen Bildungsforschung nicht hinreichend mitreflektiert wird. Allenfalls wird anhand einiger basaler Daten die soziale Durchlässigkeit und «Gerechtigkeit» des Bildungssystems untersucht.

Aus Sicht einer Ethik des Wettbewerbs sollten sich Reformvorschläge für das Bildungssystem daran orientieren, wie der *Wettbewerb* in diesem Bereich zu organisieren ist, etwa zwischen welchen Schulformen, mit welchen Randbedingungen und welchen Kriterien. Auch Wettbewerb zwischen Bundesländern statt Gleichmacherei ist grundsätzlich sinnvoll – in Zukunft wird es ohnehin eine bunte Landschaft mit G8- und G9-Ländern geben, das ist aus Wettbewerbssicht nur zu begrüßen. Nur darf dieser Wettbewerb nicht auf dem Rücken der Kinder stattfinden, was sicherlich nicht intendiert ist, aber im Ablauf des Systems passiert. Wie die ökonomische Theorie vorhersagt, kann man von den Akteuren in den betroffenen Institutionen nicht erwarten, dass sie sich von sich aus an den geplanten Zielen und Erwartungshorizonten orientieren.

Vor allem aber sollte man einen grundsätzlichen Aspekt anerkennen: Bildungspolitik ist etwas Politisches, sie hat wesentlich eine gesellschaftlich-politische Dimension. Sie ist eine politische Aufgabe, die von den empirischen Wissenschaften unterstützt werden kann. Aber die Daten sprechen nicht für sich. Das tun Daten niemals. Sie müssen interpretiert werden, und es müssen Reformvorschläge daraus abgeleitet werden. Aber das sind keine eindeutig logisch zwingenden Schlussfolgerungen, sondern sie erfordern (politische und persönliche) Urteilskraft.

Kapitel 6

Wettbewerb in Gesundheitswesen und Pflege

Während sich einige der in diesem Buch angesprochenen Gebiete in den letzten Jahren durchaus zumindest in Maßen dem Wettbewerb geöffnet haben, ist die Opposition gegen Wettbewerb gerade im Gesundheitswesen noch ausgesprochen stark. Durchweg werden Wettbewerb und ökonomisches Denken in diesem Bereich für unmoralisch gehalten. Woran liegt das?

In den vergangenen Jahren wurden die in mehreren deutschen Kliniken aufgedeckten Skandale um Unregelmäßigkeiten bei Organtransplantationen von einigen Kritikern zum Anlass genommen, wieder einmal vor zu viel Wettbewerb im Gesundheitssektor zu warnen.[72] Solche Skandale finde auch ich schlimm und sehr bedauerlich, sie haben aber nichts mit den Kernfragen der Ökonomie im Gesundheitswesen zu tun.

Darüber hinaus melden sich kontinuierlich Fundamentalkritiker zu Wort wie der Präsident der Bundesärztekammer Frank U. Montgomery, der zu viel Wettbewerb im Gesundheitswesen für «unethisch» hält: «Wenn es um die Versorgung von Patienten geht, macht zu viel Wettbewerb bei Kassen und Krankenhäusern keinen Sinn. Er ist sogar unethisch».[73]

Das ist kurzschlüssig. Beim Thema Wettbewerb im Gesundheitswesen geraten – wie in anderen Bereichen (siehe die vergangenen Kapitel) – mehrere Ebenen durcheinander: Was ist mit «zu viel Wettbewerb» gemeint? Sollte es heißen «Wettbewerb ohne Regeln» oder «Wettbewerb mit ungeeigneten Regeln», dann hat Montgomery recht. Meint er aber tatsächlich, dass Wettbewerb als solcher selbst dann schädlich ist, wenn man produktive Regeln installiert, so reiht er sich in die Fundamental-Wettbewerbskritiker ein.

Warum mehr Wettbewerb im Gesundheitswesen?

Zunächst möchte ich einige Fakten nennen, die belegen, dass es im deutschen Gesundheitswesen (auf das ich mich beziehe) reale Probleme gibt: Die jährlich erscheinenden Studien «Krankenhaus-Rating-Report» haben in der Ausgabe von 2012 einen Investitionsstau von 14 Milliarden Euro in deutschen Krankenhäusern festgestellt. Diese Investitionen fehlen in Geräten und Ausstattung, Patientenversorgung, aber auch in Baumaßnahmen.

Außerdem legt die Studie dar, dass der private Sektor seit langem existiert, er hat in Deutschland laut Statistischem Bundesamt bereits einen Marktanteil von 32 Prozent (Stand: 2010) gegenüber 15 Prozent im Jahr 1991; nach Zahl der aufgestellten Betten lag er 2010 bei 16% gegenüber 4 Prozent im Jahr 1991.[74] Der Anteil privater Krankenhäuser liegt sogar höher als jener in den USA, wo er nach Zahlen der American Hospital Association 2011 knapp 18 Prozent betrug.[75]

Diese Entwicklung stellt aber keineswegs einen Verfall des Gesundheitswesens dar: Grundsätzlich hat Wettbewerb viele positive und ethisch erwünschte Auswirkungen auch auf Probleme des Gesundheitswesens. Nicht alle kann ich hier im Detail anführen und belegen; exemplarisch seien für das Krankenhauswesen (holzschnittartig) folgende Punkte genannt:

1) Bürokratie wird abgebaut – und damit werden Kosten kontrolliert. Ein großer Teil der Kosten für Behandlungen, insbesondere im Krankenhaus, sind Verwaltungskosten. Wettbewerb würde hier, wie in anderen Sektoren der Wirtschaft, dazu führen, dass Verwaltung effektiver und effizienter wird. Natürlich ist Personalabbau eine Konsequenz – aber dies muss keinesfalls zum Nachteil der Patienten führen. Auch

bisher schon zeigen Studien, dass Privatisierungen im Gesundheitssektor vor allem die Verwaltungskosten verringern und nicht zwangsläufig zu einer Reduzierung der tatsächlichen Gesundheitsfachkräfte führen. Im Übrigen gehört Personalabbau zum System der Marktwirtschaft notwendig hinzu: Es ist in allen Sektoren unethisch, unproduktive Arbeitsplätze künstlich erhalten zu wollen.

2) Entscheidungswege werden kürzer. Oft sind im gegenwärtigen System komplizierte Wege für die Entscheidung über neue Krankenhausstrukturen, über neue Abteilungen, aber auch über aufwändige Behandlungen eingebaut. Gerade der Umbau einer starren Krankenhausorganisation, der Ressourcen schneller dorthin lenkt, wo sie gebraucht werden, ist wesentlich leichter und effektiver in einem stärker privatwirtschaftlichen System möglich, das sich dem Wettbewerb stellen muss – und auf ihn leichter reagieren kann.
3) Der politische Einfluss wird geringer, und das ist ebenfalls ein Vorteil. Politische Kontrolle ist zwar richtig – aber auf der Ebene der Regeln des *Gesamtsystems*, nicht auf der Ebene der einzelnen Organisation. Hier ist es von Vorteil, wenn politische Entscheidungsträger nicht direkt in das Krankenhaus hineinregieren können, damit organisationale Entscheidungen von Fachleuten vor Ort getroffen werden.
4) Noch ein weiterer Vorteil liegt in der stärkeren Unterscheidung unterschiedlicher Arten von Leistungen: Sehr kostenintensive, komplizierte Operationen können sicherlich nicht in der gleichen Weise ökonomisch betrachtet werden wie die meisten anderen Leistungen im Krankenhaussektor. Ein Großteil dieser Leistungen ist nicht in einer exakt definierten Weise medizinisch notwendig und kostentechnisch fixiert – und kann damit sehr wohl einer Kostenkontrolle unterworfen werden. Wir haben ja Wettbewerb im Bereich der Medikamente – und dort würde auch niemand auf den Gedanken kommen, ihn abzuschaffen.

Privatisierungen im Gesundheitswesen sind in vielen Ländern angegangen worden. Aus diesen Versuchen, die mit sehr unterschiedlichen Methoden erfolgten und die unterschiedlich erfolgreich waren, lassen sich zahlreiche Lehren ziehen.

In der ökonomischen Literatur liegen viele solcher Vergleiche vor (vgl. etwa Marx/Rahmel 2008). Sie sind in der Regel nüchtern formuliert und orientieren sich an durchaus neutralen ökonomischen Leistungskriterien – aber sie haben einen entscheidenden Nachteil: Sie reagieren kaum auf die Bedürfnislage in weiten Teilen der Bevölkerung, die solche Diskussionen auch mit ethischen Argumenten geführt sehen will. Man muss somit die ökonomischen Argumente in ethische übersetzen, sie in ethische Begrifflichkeiten umgießen (vgl. dazu Homann 2002, Kap. 3). Dann lassen sich aus den internationalen Erfahrungen sehr wohl wichtige ethische Schlussfolgerungen ziehen. Einige davon sind:

1) Die Rolle des Staates sollte sich auf die Setzung einiger, möglichst weniger Regulierungen für den Wettbewerb beschränken. In den *Niederlanden* ist dies nach der Reform im Jahr 2006 gut gelungen: Hier konkurrieren Krankenversicherungen miteinander, kontrolliert durch eine Kartellbehörde für das Gesundheitswesen. Die Krankenversicherungen tragen finanzielle Risiken, aber der Gefahr einer Risikoselektion, d.h. der Gefahr, sich nur die besten Risiken herauszusuchen, wird durch bestimmte staatliche Eingriffe entgegengewirkt, insbesondere durch eine differenzierte Budgetgestaltung. So erhalten die Versicherten Zahlungen zum Ausgleich ihrer jeweils individuellen Risiken aus einem zentralen Fonds. Dies basiert auf einem Risikoausgleichsplan, der «zu den differenziertesten der Welt» (Marx/Rahmel 2008, S. 530) gehört und stark dafür verantwortlich ist, dass im niederländischen System Anreizstrukturen geschaffen wurden, so dass Qualitätssicherung und Kostenkontrolle kein Widerspruch sind.

Wichtig ist aber: Es kommt auf die Stärkung des Wettbewerbs an.

2) Genau hier zeigen sich nämlich die Schwächen eines anderen Systems, des schweizerischen. In der *Schweiz* wurde nach der Krankenversicherungsreform von 1996 zwar einiges erreicht, die Ausgaben insgesamt sind jedoch nicht gesenkt worden. Sprich: Gesundheit wird weiterhin immer teurer.
Erklären lässt sich dies ökonomisch mit einer genauen Betrachtung der Anreize, die im Schweizer System gesetzt werden. Zwar gibt es auch hier Wettbewerb zwischen hauptsächlich privaten Versicherungsgesellschaften, es gibt einen Risikoausgleich sowie eine verpflichtende Basis-Krankenversicherung für alle. Aber: Die Krankenversicherungen haben deutlich weniger Einfluss und Verantwortung. Sie dürfen etwa nur im Bereich der Zusatzversicherungen auf Gewinnbasis arbeiten und haben somit kaum Anreize, Kosten einzusparen.
Ein zweiter Punkt ist die im Vergleich zum niederländischen System relativ pauschale und grobe Differenzierung des Risikoausgleichs, nämlich hauptsächlich nur nach Alter und Geschlecht. Dadurch kommt es dazu, dass Risiken gezielt ausgewählt werden, dass also die vermeintlich ‹guten› Risiken bevorzugt werden und dass Kosteneinsparungen, beispielsweise im Verwaltungsbereich, zu niedrigeren Zahlungen aus dem Risikoausgleichsfonds führen. Das ist natürlich kontraproduktiv – man hat in dieser Reform nicht konsequent genug auf den Wettbewerb gesetzt.

3) Ein weiteres Beispiel ist das «Pay for Performance»-System (P4P), das in Kalifornien 2001 und in Großbritannien 2004 eingeführt wurde. In diesem System werden Ärzte nach der Qualität ihrer Tätigkeiten bezahlt. So wird berücksichtigt, ob sich Patienten häufig über einen Arzt beschweren, wie schnell sie gesund werden u.a. Auch die Qualität des Beratungsgesprächs können Patienten bewerten.

In der Kombination mit anderen Anreizen ist dies für eine Ethik des Wettbewerbs ein wichtiges positives Element, um Verbesserungen im Krankenhaus zu bewirken. Die Bewertung durch die Kunden ist, bei aller Vorsicht, ein zentrales Qualitätskriterium. Auch an dem zunächst als schwierig in Sachen Qualität zu beurteilenden Bereich der Hochschulen werden seit Jahren Bewertungen der Lehre durch die Studierenden erhoben. Es geht also. Allerdings wird es unvermeidlich sein, dass sich Ärzte umstellen und ihre Tätigkeit stärker kunden- und serviceorientiert begreifen. Viele tun dies schon – und sehen darin keinen Widerspruch zu ihrem ärztlichen Auftrag.

Patienten die Möglichkeit zu geben, Feedback zu liefern, dürfte diese auch in ihrer Rolle als mündige Patienten stärken. Natürlich muss man subjektive Bewertungen auch mit Vorsicht behandeln: Man sollte nicht jede einzelne Rückmeldung auf die Goldwaage legen, man sollte nur grobe Tendenzen ablesen, und die Bewertungen müssen mit anderen Maßstäben kombiniert werden. Dann aber sind sie sehr zu begrüßen.

Welche Argumente verwenden die Kritiker?

Grundsätzlich gibt es in der Diskussion um das Gesundheitswesen viele Blockaden mit moralischen Argumenten.

Ich möchte im Folgenden eine Arbeit exemplarisch herausgreifen, in der nahezu alle derzeit in der Diskussion gebrachten Argumente gegen Wettbewerb im Gesundheitssektor genannt werden: In einem Aufsatz, der 2004 im Westfälischen Ärzteblatt erschien, behauptet Hagen Kühn vom Wissenschaftszentrum Berlin, die Argumente für mehr Wettbewerb im Gesundheitswesen empirisch zurückweisen zu können. Er behauptet also, die von den Befürwortern eines stärkeren Wettbewerbs versprochenen Vorteile seien nicht gegeben, und führt dies in sechs Thesen aus.

Zunächst zielen allerdings viele der von Kühn genannten Argumente gar nicht spezifisch auf das Gesundheitswesen, sondern sind verkappte Grundsatzkritiken am Wettbewerb an sich, die ich bereits in Kapitel 3 diskutiert habe:

So behauptet Kühn, die Situation im Gesundheitswesen entspreche nicht den Bedingungen eines «idealen Gütermarktes», daher seien alle ökonomischen Analysen nicht auf das Gesundheitswesen anwendbar. Wenn aber ökonomische Analysen tatsächlich nur für idealisierte Situationen Relevanz hätten, so könnte man sie nicht nur im Bereich der Medizin, sondern überall getrost vergessen. Zahlreiche Märkte, seien es der Immobilienmarkt, der Markt für gebrauchte Autos (Akerlof 1970) oder Flohmärkte, sind genauso Beispiele, in denen viele Bedingungen des idealisierten Marktes nicht gelten. Und trotzdem kann man sie ökonomisch analysieren und ökonomisch fundierte Vorschläge zu ihrer (rationaleren) Gestaltung machen. Auch irreversible Schädigungen und Todesfälle gibt es in anderen Bereichen wie Automarkt, Lebensmittelmarkt oder im öffentlichen Nahverkehr. Träfe das Argument Kühns zu, dann dürfte es auch in diesen Märkten keine unterschiedlichen Anbieter geben. Tatsächlich aber werden mögliche Schädigungen durch entsprechende Regelungen mit den dazugehörigen Qualitätskontrollen u. Ä. vermieden. Natürlich sind Restrisiken unvermeidlich – das ist aber überall so. Dass sich Probleme erst während der Behandlung ergeben, ist auch bei vielen Dienstleistungen so, vom Haarschnitt bis hin zu komplexesten Handwerkerleistungen.

Auch Informationsunterschiede sind anderswo, etwa im Automarkt, sehr ausgeprägt. Aber das ist kein fundamentales Hindernis für Wettbewerb: Informationen können auch – zumindest in gewissem Umfang – von anderer Seite, sei es von Qualitätssicherungsinstitutionen, sei es durch Schwarmintelligenz, im Internet bereitgestellt werden. Und in jedem Fall gilt: Den Informationsvorsprung der Anbieter kann man *ohne* Wettbewerb jedenfalls erst recht nicht umgehen. Schon der Kauf eines Fernsehers mit seinen vielen verschiedenen Parametern ist äußerst komplex und erfordert, wenn man sich gründlich damit befasst, sehr viel Zeit zur Information. Dennoch käme niemand auf den Gedanken, den Wettbewerb auf dem Fernsehmarkt abschaffen oder auch nur einschränken zu wollen.

Und schließlich wird behauptet: Der jeweilige Nutzen, den jeder Patient zu erwarten habe, sei unklar und «verschwommen», daher benötige man einen «enormen Regulierungsapparat». Als Beispiel wird dann die Bürokratie des amerikanischen Gesundheitssystems herangezogen. Dieses Beispiel ist aber in vieler Hinsicht unglücklich: Wie bereits erwähnt, ist beispielsweise der Anteil der Krankenhäuser in privaten Händen in den USA geringer als in Deutschland. Und auch sonst wird man wohl kaum behaupten können, jegliche Stärkung des Wettbewerbs im Gesundheitsbereich müsse zwangsläufig in Richtung eines Systems in der Art des US-amerikanischen führen. Dafür gibt es genügend Alternativen und Mittelwege, die Gesundheitsökonomen parat haben.

Ist Kranksein eine existenzielle Bedrohung, die dazu führt, dass Kranke nicht wie Nachfrager auf anderen Märkten entscheiden können? Ist ihre Rolle von derjenigen der Kunden fundamental verschieden?

Dieses Argument geht davon aus, dass Kunden nur vollinformierte, in voller Weise mündige Bürger sein könnten, die zudem vom Ergebnis des Marktprozesses nicht massiv betroffen seien. Demgegenüber zeigen zum einen zahlreiche Studien, dass bereits nichtmenschliche Wesen (z. B. Menschenaffen, Tauben, Rabenvögel, Kapuzineräffchen u. a.[76]) in vieler Hinsicht rational entscheiden können, zwar nicht immer in genau der gleichen Weise wie Menschen, aber durchaus in dem Sinne, dass sie wissen, was sie lieber möchten, und sich auch an veränderte Anreize anpassen. Dann dürfte es wohl kein Problem sein anzunehmen, dass der Wettbewerb für kranke Menschen eine positive Rolle übernehmen kann, d.h. nicht nur im Sinne einer höheren Effizienz, sondern im Sinne einer besseren Erfüllung von Patientenwünschen.

Zum anderen wird mit der Schutzbedürftigkeit von Personen gerne auch in anderen Bereichen argumentiert: Mit demselben Argument wurde jahrzehntelang etwa der Wettbewerb unter Apotheken beschränkt oder der Markt für Kranken- und Notfalltransporte einer sehr kleinen Anzahl von Anbietern überlassen.[77] Der Versandhandel mit Arzneimitteln ist in Deutschland immerhin seit 2004 grundsätzlich zulässig.

Generell gilt: Der Schutzbedürftigkeit kann man auf viele Arten und Weisen gerecht werden. Das geht nicht nur über ein direktes staatliches oder staatlich beschränktes System ohne echten Wettbewerb, sondern es geht auch über Vorgaben bzw. klare und sanktionierte Qualitätskriterien wie etwa im Versicherungssektor. Auch hier kommt man ja (mittlerweile) nicht mehr auf die Idee, auf den Wettbewerb zu verzichten. Er soll vielmehr seine ökonomische und ethische Rolle spielen: Wettbewerb ist in der modernen Gesellschaft solidarischer als Teilen (Karl Homann). Und das gilt auch im Gesundheitswesen.

Grundsätzlich sind alle Argumente im Kern verfehlt, die Wettbewerb als etwas ansehen, was nur den Stärksten nützt. Kühn behauptet auch, der Wettbewerb (wohlgemerkt: Kühn spricht vom «wirtschaftlichen» Wettbewerb) würde nicht um Patienten, sondern nur um erwünschte Patienten oder Versicherte geführt. Im Klartext: Nur die Stärksten würden von dieser Entwicklung profitieren, die Schwächsten müssten darunter leiden.

Meine Gegenthese lautet, dass gerade die Schwächsten vom Wettbewerb am stärksten profitieren, zumindest in vielen Kontexten. In den Entwicklungsländern profitieren die Menschen am meisten von einem geöffneten internationalen Wettbewerb, und zwar gerade jene, die vorher weniger gut gestellt waren. Dass es einigen Wenigen gut geht, ist keine besondere Leistung eines Systems – das gab es auch im real existierenden Sozialismus. Dass aber ja nicht nur Wohlstand, sondern Wohlergehen breiter Bevölkerungskreise steigt, das ist eine Leistung, die nur die Marktwirtschaft erbringen kann (vgl. etwa McCloskey 2006 und 2010).

Daher: Auch die Schwächsten profitieren im Gesundheitswesen von reduzierten Kosten, von mehr Serviceorientierung und von Qualitätskontrolle, die aber nicht zwangsläufig durch staatliche bürokratische Vorgaben erfolgen muss.[78]

Kann man kurzfristige gegen langfristige Interessen ausspielen? Können Patienten die Risiken, die für sie durch den Wettbewerb entstünden, nicht erkennen oder vermeiden? Der *kurzfristige* ökonomische Vorteilskalkül überwiege dann andere Motive, die eher von *längerfristigem* Interesse seien.

Auch diese Behauptung lässt sich mit der Lage im Versicherungssektor abgleichen: Es ist zwar richtig, dass Risiken oft komplex sind, aber das ist kein grundsätzliches Argument gegen Wettbewerb. Wenn man der Meinung ist, dass Patienten insgesamt zu große – und, in welchem Sinn auch immer, ‹falsche› – Risiken eingehen, so müsste man eben die gleiche Konsequenz ziehen wie bei der Versicherungspflicht gegen Feuer, bei Haftung bei Autounfällen oder seinerzeit bei der Gurt-Anschnallpflicht: Einige, möglichst wenige klare Vorgaben können den Rahmen abgeben für eine Ordnung des Wettbewerbs im Gesundheitswesen. Sie müssen dazu dienen, den Patienten die relevanten Informationen über ihre Risiken transparent zu vermitteln, ohne sie dabei in der Informationsflut zu ersticken.

Es gibt keinen Grund anzunehmen, warum dann Patienten nicht eine Entscheidung so rational wie möglich treffen können sollten, deren Konsequenzen sie – unter der unvermeidlichen Unsicherheit wie in anderen Bereichen – bewusst und bereit sind auf sich zu nehmen.

Das Argument der in irgendeiner Weise fehlerhaften Risikoabwägungen seitens der Patienten geht davon aus, dass es einen völlig unabhängigen, objektiven Maßstab für das gebe, was für jeden Patienten gut ist. Zweifellos können Ärzte dies in vielen Fällen sagen – und mit Hilfe dieser Informationen können Patienten möglichst rationale Entscheidungen treffen. Aber: In den von den Kritikern angesprochenen besonders schwierigen Fällen, in denen es um langfristige Abwägungen und Risikoeinschätzungen geht, müssen letztlich ohnehin die Patienten selbst entscheiden. Bestimmte Abwägungen kann einem kein Arzt abnehmen. Und bei diesen Abwägungen können individuelle Vorteilskalküle nicht ignoriert werden, auch nicht mit vermeintlich ethischen Argumenten.

Ohnehin verwendet, wie wir in Kap. 2 gesehen haben, die Ökonomik einen offenen Vorteilsbegriff, in den alles das mit eingeht, was Individuen als Vorteile für sich ansehen. Auf der Basis einer in dieser Weise offenen Vorteilsabwägung eine Entscheidung zu treffen, ist die rationalste Methode, die nicht nur ihren ökonomischen, sondern auch ihren ethischen Sinn hat.

Geraten Ärzte durch den Wettbewerb in systematische Interessenkonflikte?

Dieser Punkt ist ernst zu nehmen. Damit wird anerkannt, dass es nicht nur darum geht, Moral gegen Gewinn auszuspielen. Vielmehr gibt es auch im Gesundheitswesen faktische Konflikte, die auf unterschiedlichen Interessen beruhen. Man kann diese Konflikte mit Moral-Rhetorik eine Zeit lang zudecken und verstecken. Auf die Dauer tauchen sie aber unweigerlich wieder auf, so wie die Dilemmastrukturen von der Art des Gefangenendilemmas (vgl Homann/Lütge 2013).

Ärzte haben – wie alle anderen – aufgrund solcher Dilemmastrukturen eigene Interessen, das kann man nicht leugnen. Moralappelle können nicht aus Interessenkonflikten befreien. Es hilft nicht weiter, beispielsweise auf den hippokratischen Eid zu verweisen und einfach zu postulieren, dass sich Ärzte dem Gemeinwohl verschreiben: Wenn Dilemmastrukturen wie jene in Wettbewerbssituationen bestehen, so *müssen* die Einzelnen eigeninteressiert handeln, sonst werden sie von anderen ‹über den Tisch gezogen›, benachteiligt und ausgebeutet. Diese Struktur ist im Gesundheitswesen nicht anders: Wenn eine Ärztin systematisch weniger zusätzliche Behandlungen durchführt, dadurch geringere Honorare kassiert und weniger Medikamente verschreibt, so hat sie davon selbst wenig.

Der hippokratische Eid ist in dieser Hinsicht nicht unbedingt hilfreich, dort heißt es: «Rein und fromm werde ich mein Leben und meine Kunst bewahren.» Das darf aber nicht heißen, sich von anderen ausbeuten zu lassen. (Der Eid ist aber auch in anderer Hinsicht nicht mehr das Maß aller Dinge, er verbietet ja bekanntlich auch die Vergabe von Abtreibungsmitteln.)

Als Fazit ergibt sich: Grundsätzlich werden hier Argumente wieder herangezogen, die in anderen Bereichen auch schon benutzt wurden. Immer wieder steht im Hintergrund die Ansicht, man dürfe sich dem Thema Gesundheit überhaupt nicht mit ökonomischen Mitteln nähern, da dann die Moral erst recht verderbe. Diese Ansicht verkennt aber die ethischen Leistungen des Wettbewerbs.

Keine Frage ist, dass es gerade im Bereich Gesundheit auch *Grenzen* des Wettbewerbs gibt: Für die, die in keiner Weise am Wettbewerb teilhaben können, muss es andere, nicht- oder weniger wettbewerbliche Lösungen geben. Allerdings trifft dies nur auf wenige Menschen zu: Man muss letztlich nur in der Lage sein, zwischen verschiedenen Angeboten halbwegs vergleichen zu können.

Was ist zu tun?

Die folgenden Punkte sind nicht als erschöpfende Aufzählung zu verstehen, sondern lediglich als einige wichtige Eckpunkte:

Der Wettbewerb zwischen den Krankenkassen muss dringend verstärkt werden. Zu Beginn der Liberalisierung unter den Krankenkassen 1996 war der Wettbewerb um die Patienten in vieler Hinsicht schärfer als heute. Die Regulierung ist im Laufe der Zeit, u. a. durch die Mindestgrenze bei Beitragssätzen, immer enger geworden. Die Beitragsbemessungsgrenze sollte nicht immer weiter hochgeschoben werden, um den Privaten den Zugriff auf mehr potenzielle Mitglieder zu entziehen. Sie müsste gesenkt werden.

Wichtiger aber: Es sollte endlich echter Wettbewerb zwischen privaten Krankenversicherungen und gesetzlichen Kassen herrschen. Wenigstens wird mittlerweile versucht, über die Prämienausschüttung den Wettbewerb unter den gesetzlichen Kassen zu stärken: Zumindest sind diese nun aufgerufen, auch Prämien zu verteilen. So hat sich beispielsweise auch der Chef der Techniker Krankenkasse 2012 für eine Privatisierung der gesetzlichen Kassen ausgesprochen.[79]

Wenn selbst gesetzliche Kassen den Wettbewerb wollen, dann sollten wir ihn auch ermöglichen. Dann hätten endlich alle Kassen und Versicherungen gleiche Wettbewerbsvoraussetzungen. Versicherungen und Zusatzversicherungen würden voraussichtlich günstiger als heute, insgesamt würden alle Seiten effizienter arbeiten, die Finanzierung der gesetzlichen Kassen würde deutlich transparenter – und das alles könnte unter ethischen Auflagen erfolgen, dass beispielsweise niemand abgelehnt werden dürfte, weder von Versicherungen noch von Kassen. Damit würden ethische Rahmenbedingungen für einen gut funktionierenden, effizienten und ethischen Wettbewerb geschaffen.

Aber auch unter den privaten Versicherungen muss der Wettbewerb gestärkt werden, und zwar unabhängig davon, ob der Wettbewerb mit den gesetzlichen Kassen zustande kommt. Im Moment ist es für Versicherte sehr schwierig, von einer privaten Versicherung in die andere zu wechseln, vor allem aufgrund der Rückstellungen für das Alter. Hierfür liegt bereits eine ganze

Reihe von Konzepten vor, die die Mitnahme von Rückstellungen über die jeweilige Versicherung hinaus ermöglichen würden.[80] Dies werden die Versicherungen vermutlich nicht allein erreichen können – ohne die Politik wird es hier wohl nicht gehen. Aber wir haben Vergleichbares schon in anderen Bereichen gesehen: Auch beispielsweise eine Versicherung für Flugreisende, die vom Bankrott einer Fluglinie betroffen sind, ist letztlich, auch über Unternehmensgrenzen hinweg, zustande gekommen.

Die Honorare für Ärzte müssten schließlich sowohl von gesetzlichen Kassen als auch von privaten Versicherungen in vergleichbarer Höhe gezahlt werden können. Es ist auf die Dauer keine hinnehmbare Situation, dass sich Ärzte von den Privatpatienten jene Honorare holen, die die Kassen nicht zahlen, und damit auf Dauer den Betrieb ihrer Praxen quersubventionieren.

Schließlich ist eine Erhöhung der Transparenz, beispielswiese die (nicht unbedingt staatliche) Einführung von Gütesiegeln für Ärzte, sinnvoll. Das wird nicht alle Probleme sofort lösen – aber man sieht grundsätzlich, dass es in anderen Bereichen (etwa Hochschulen) auch möglich ist, die man früher für dem Wettbewerb nicht zugänglich gehalten hat. Nur dann werden Patienten wirklich informiert entscheiden können.

Es dürfte deutlich geworden sein: Eine Intensivierung des Wettbewerbs im Gesundheitssektor würde deutlich mehr nützen als schaden.

Wettbewerb im Pflegesektor

Abschließen möchte ich dieses Kapitel mit einigen gesonderten Bemerkungen zum Pflegesektor. Dieser Sektor ist in den vergangenen Jahren erheblich in Bewegung geraten. Zum einen sind verstärkt neue Anbieter auf dem deutschen Markt präsent, die mit etablierten Einrichtungen konkurrieren und Pflegeleistungen zum Teil deutlich kostengünstiger anbieten. Zum anderen wird sogar verstärkt darüber nachgedacht, Pflegeleistungen – unter bestimmten Bedingungen – direkt im Ausland anzubieten. Dies ging unter Schlagworten wie «Deutsche Rentner zur Pflege nach Thailand?» durch die Presse. In jedem Fall ist in einer alternden Gesellschaft mit einer stetigen Zunahme der Dimension dieses Problems zu rechnen: Wir werden in Deutschland in Zukunft zwar einerseits immer mehr rüstige Rentner haben, aber andererseits auch immer mehr ältere Menschen, die auf Pflege angewiesen sind.

Gleichzeitig sind aber hier wieder die alten Vorbehalte gegenüber Ökonomisierung, Wettbewerb und Markt präsent: Viele befürchten, Leistungen würden schlechter werden durch den verstärkten Wettbewerb, und ältere Menschen würden so durch die Globalisierung in Rollen und Positionen gedrängt, denen sie nicht gewachsen wären.[81]

Auch wenn solche Bedenken gehört und berücksichtigt werden müssen, so ist doch im Grundsatz überhaupt nicht ersichtlich, warum Wettbewerb im Pflegesektor schädlich sein muss. Fundamentale Bedenken sind hier noch weniger gerechtfertigt als im Gesundheitssektor, da es nicht um lebensnotwendige Operationen oder Medikamente mit lebensgefährlichen Wirkungen geht. Die meisten Leistungen, die erbracht werden, können in sehr vielen unterschiedlichen Weisen erbracht werden.

Es wird wohl kaum jemand behaupten wollen, dass sich alle Pflegebedürftigen eine bestimmte Art Pflege in einer ganz bestimmten Art Pflegeheim vorstellen oder deren notwendig bedürfen. Was sich jedoch in der Regel die meisten wünschen, ist eine Betreuung, persönliche und liebevolle Ansprache, in einer angenehmen Umgebung. Und gerade dazu braucht man tendenziell eher mehr Personal als weniger – jedoch nicht notwendig aus einem bestimmten, künstlich durch fehlenden Wettbewerb hochgetriebenen Preissegment. Pflegekräfte aus dem Ausland können sehr wohl auch die Qualität von Pflege in Heimen hierzulande erhöhen.

Und was spricht eigentlich grundsätzlich gegen Pflege auch an weiter entfernten Orten, wenn dort Kostenvorteile herrschen und wenn die betroffenen Personen sich vorher für diese Möglichkeit ausgesprochen haben? Es ist ja nichts Neues, dass Rentner zu Tausenden nach Mallorca oder in andere wärmere Gegenden ziehen, um dort ihren Lebensabend zu verbringen.

Der Wettbewerb jedenfalls kann auch hier seine Rolle erfüllen: die Kosten zu kontrollieren, was eine ethische Aufgabe ist, und dabei die Qualität der Leistungen zu verbessern, nicht sie zu verschlechtern.[82]

Natürlich müssen, wie auch in anderen Bereichen, Regeln für den Markt gesetzt werden. Dazu zählen vor allem Qualitätsstandards, Gütesiegel o. Ä., die von unabhängigen Instituten überprüft werden, wie in vielen anderen Märkten gleichermaßen.[83]

Es liegt jedenfalls in keinem Fall etwas Ethisches darin, die Kosten der Pflege für die Bürger – gerade für gegenwärtige und künftige junge Generationen, die einen großen Teil der Rechnung zahlen – künstlich hochzuhalten, indem man den Markt zurückdrängt oder laufend gegen den Wettbewerb polemisiert.[84]

Kapitel 7

Wettbewerb, Politik und Medien

In einer Demokratie ist politischer Wettbewerb ein wichtiges Gut. Er ist ein Kernbestandteil des Systems selbst. Schon die Väter und Vordenker der Demokratie in der Frühen Neuzeit haben die Teilung der Gewalten zu einer zentralen Forderung erhoben. Die Gestaltung des politischen *Prozesses*, nicht so sehr die konkreten Ergebnisse stehen im Vordergrund.[85]

Die politische Ökonomik hat diese Parallelen ebenfalls bereits sehr früh gesehen: Die Anwendung des ökonomischen Paradigmas auf andere Gebiete fand zuerst (mit Autoren wie Kenneth Arrow 1951 und Anthony Downs 1957/1968) auf den Bereich der Politik statt. Politiker als rationale Stimmenmaximierer – das war schon Downs' Perspektive. Später haben Ökonomen wie Milton Friedman (1962) politische Instrumente wie die negative Einkommensteuer oder James M. Buchanan (Brennan/Buchanan 1980/1988) die konstitutionelle Schuldenbremse entworfen. Überträgt man dieses Paradigma konsequent auf die Politik, so sollte eine Intensivierung des politischen Wettbewerbs – im Rahmen der geeigneten Institutionen – ein zentrales Anliegen einer politischen Ethik sein.

Allerdings gibt es – wie auch im wirtschaftlichen Bereich – Wettbewerbsformen, die nicht mehr produktiv oder im wechselseitigen Interesse sind. Die Verfassungsväter Deutschlands haben sich 1949 gerade darüber ausführlich Gedanken gemacht: Ihr Schreckensszenario war die Weimarer Republik, die von Beginn an unter einer Zersplitterung der politischen Landschaft litt, vor allem des Reichstags. Das völlige Fehlen einer Sperrklausel führte zu weitgehender Handlungsunfähigkeit von Regierungen und Parlamenten sowie zum Erstarken demokratiefeindlicher Parteien. Daraus wurde 1949 der Schluss gezogen, eine Fünf-Prozent-Hürde einzuführen. Sie galt zunächst nur auf Länderebene, vier Jahre später musste aber jede im Bundestag vertretene Partei fünf Prozent auf Bundesebene erreichen.

Wettbewerb sollte auch in der Politik verstärkt werden – und die Fünf-Prozent-Hürde ist in dieser Hinsicht eine entscheidende Stellschraube. Und diese Schraube ist gegenwärtig zu stark angezogen. Die Zersplitterung der politischen Landschaft ist nicht mehr das vorrangige Problem unserer Zeit; auch etablieren sich extremistische, insbesondere rechtsextreme Parteien in Deutschland nicht dauerhaft in den Volksvertretungen. Stattdessen fehlt aber gegenwärtig eher ein dynamischeres Element im politischen Wettbewerb, eines, das auch gegen die weitverbreitete Politikverdrossenheit helfen würde. Es ist zwar zu begrüßen, dass die Wahlbeteiligung bei der Bundestagswahl 2013 zum ersten Mal seit langem gestiegen ist, aber dennoch geht, je nach Wahl, ca. ein Viertel bis ein Drittel der Wahlberechtigten nicht wählen. Früher war die Zersplitterung das gefährlichere Problem, heute jedoch ist es die lähmende Starre.

Sperrklauseln im internationalen Vergleich

Es ist für Fragen des Wettbewerbs immer sinnvoll, darauf zu sehen, wie es andere machen: Wie fallen Sperrklauseln im internationalen Vergleich aus?

Das Bild ist sehr bunt und vielfältig: Sperrklauseln (in größeren Staaten) reichen von «nicht existent» über 0,66 Prozent bis 10 Prozent. Wenn man sich auf Staaten konzentriert, die in Deutschland ohnehin gern zum Vorbild erhoben werden, kann man beobachten: Gerade die skandinavischen Länder kennen deutlich niedrigere Sperrklauseln. Sie liegen beispielsweise in Schweden und Norwegen bei 4 Prozent (wobei sie in Norwegen nur für Ausgleichsmandate, d. h. eher selten, gelten), in Dänemark sogar nur bei 2 Prozent der Stimmen. Finnland kennt eine Sperrklausel überhaupt nicht. Andere europäische Länder, die nicht das angelsächsische Mehrheitswahlrecht verwenden, haben zum Teil ebenfalls niedrigere Sperrklauseln, so etwa Österreich mit 4 Prozent für den Nationalrat und einige Länderparlamente, Griechenland und Spanien mit 3 Prozent (im Fall Spaniens genügen sogar 3% in nur einem *Wahlkreis*) oder die Niederlande mit noch geringeren 0,66 Prozent. Dennoch sind alle diese Staaten vergleichsweise politisch stabil – bzw. sind (im Fall etwa von Spanien und Griechenland) Krisenphänomene nicht auf diese Sperrklausel zurückzuführen, sondern auf andere wirtschaftliche Missstände. Eine höhere Sperrklausel als 5 Prozent findet sich dagegen, unter den größeren europäischen Staaten, nur in Russland (7 Prozent) und der Türkei (10 Prozent).

Tatsächlich ist die Fünf-Prozent-Hürde auch in Deutschland nicht unumstritten, sondern sie ist schon in die Kritik geraten – und teilweise bereits verändert worden. Auf Ebene der Kommunalwahlen ist sie fast überall abgeschafft. Für die Europawahlen wurde sie vom Bundesverfassungsgericht 2011 für verfassungswidrig erklärt; sie sollte nach einem Bundestagsbeschluss von 2013 künftig nur noch bei 3 Prozent liegen: Doch selbst die Drei-Prozent-Hürde wurde im Februar 2014 von den Verfassungsrichtern gekippt.

Darüber hinaus gilt die Fünf-Prozent-Hürde auch jetzt faktisch nicht für nationale Minderheiten wie den Südschleswigschen Wählerverband in Schleswig-Holstein, und sie lässt sich auch bei der Bundestagswahl durch den Gewinn dreier Direktmandate ersetzen (was 1994 der PDS zum Einzug in den Bundestag verhalf).

Das Bundesverfassungsgericht hat 1990 zwar die grundsätzliche Zulässigkeit der Fünf-Prozent-Hürde festgestellt, dabei aber interessanterweise geäußert, ihre Zulässigkeit könne «nicht einmal für allemal abstrakt beurteilt werden» (BVerfGE,

29. September 1990). Das heißt im Klartext: Spätere Revision der Beurteilung nicht ausgeschlossen.

Jedenfalls kann man sich zur Abwehr der Diskussion um die Sperrklausel nicht mehr allein auf Weimarer Zustände berufen. So wie die Wehrpflicht nicht mehr mit der Furcht vor einem Weimarschen «Staat im Staate» begründet werden konnte und konsequenterweise 2011 abgeschafft wurde, so ist es auch mit anderen Institutionen der deutschen Demokratie.

Und so wie auch die Soziale Marktwirtschaft von 1949 nicht ein für allemal festgeschrieben werden kann, ist auch die Fünf-Prozent-Hürde nicht sakrosankt. Demokratische Gesellschaften entwickeln sich weiter, das macht ihren Kern aus.

Was könnte das Ziel einer Diskussion um die Fünf-Prozent-Hürde sein? Es geht nicht um eine totale Abschaffung, aber sehr wohl um eine Reduzierung der Sperrklausel: 3 oder 4 Prozent würden es auch tun. Sie sind im internationalen Vergleich nicht unüblich, und sie würden der Demokratie einen Dienst erweisen.

Welche Auswirkungen sich für Wahlausgänge insgesamt ergeben würden, ist umstritten und alles andere als klar. Große Parteien *könnten* von einer stärkeren Pluralisierung der politischen Landschaft profitieren oder auch nicht.

Andere Wege

Unabhängig von möglichen Änderungen an der Fünf-Prozent-Hürde könnte politischer Wettbewerb auch auf anderen Wegen gestärkt werden. Das ist nicht gleichzusetzen mit einer stärkeren Vielfalt der Parteienlandschaft: Man kann hier etwa auf die USA verweisen und deren Quasi-Zweiparteien-System, das trotz seiner vermeintlich geringeren Vielfalt dennoch in mancher Hinsicht mehr Wettbewerb zulässt als das deutsche.

Es ist zwar richtig, dass in den USA andere Parteien neben den Republikanern und Demokraten kaum eine Chance haben:

Es gibt sie, aber sie sind von vornherein chancenlos, in der Wahrnehmung aller. Dennoch aber ist es unabhängig von (oder nur in loser Verbindung mit) Parteien leichter, Gruppierungen zu gründen, die sich bestimmten konkreten Themen oder Themenportfolios widmen und diese, zum Teil recht erfolgreich, auf die Agenda einer Partei zu bringen suchen. Die umstrittene und in vieler Hinsicht zweifellos rückwärtsgewandte «Tea Party»-Bewegung ist hierfür nur ein Beispiel.

Die Stärkung von Möglichkeiten, konkrete Themen innerhalb der Parteien neu auf die Agenda zu bringen, ist jedenfalls grundsätzlich im Sinne einer Ethik des Wettbewerbs. Man muss das nicht so weit treiben wie die Piratenpartei mit ihren Ideen einer «Liquid Democracy». Diese Ideen, das grundsätzliche Repräsentationssystem in der Demokratie zu ‹verflüssigen› und demokratische Verfahren tendenziell auf alle Einzelfragen direkt anzuwenden, waren unausgereift und in vieler Hinsicht naiv. Dennoch enthalten sie einen sinnvollen Kern: Durch die Möglichkeit zu mehr Mitwirkung und die Vereinfachung von Partizipation ist eine Chance gegeben, Politikverdrossenheit zu reduzieren und Nichtwähler zur Rückkehr nicht nur an die Wahlurnen, sondern auch in die politische Beteiligung allgemein zu bewegen.

Hierbei sollten auch die nun wahrlich nicht mehr neuen technischen Möglichkeiten des Internets und der sozialen Netzwerke deutlich stärker verwendet werden. Denn dadurch wird Wettbewerb intensiviert, indem man mehr Menschen zur Wahl bringt – aber nicht notwendig zur Wahl*urne*. Die Art und Weise, in der Wahlen nach wie vor durch Ankreuzen von Wahlzetteln stattfinden, ist im Zeitalter von Twitter, Smartphones und Facebook ein derartiger Anachronismus, dass man sich wundert, warum darauf überhaupt hingewiesen werden muss. Warum werden Online-Wahlen in der deutschen Öffentlichkeit nicht stärker diskutiert?

Grundsätzliche Sicherheitsbedenken gegen Online-Wahlen

in allen Ehren – aber die überwältigende Mehrheit der Deutschen vertraut in Bankgeschäften, die für sie selbst fraglos ausgesprochen sensibel sind, den Mechanismen und Versicherungen des Internet-Banking ohne Bedenken. Millionen von Aktiengeschäften werden in jeder Minute abgewickelt, ohne dass es im großen Stil zu Manipulationen, Betrug oder Fälschungen kommt. Natürlich sind sie nicht ganz auszuschließen, aber das ist ein grundsätzliches Risiko: Auch in traditionellen demokratischen Wahlen kommt es immer wieder zu (zum Teil unbeabsichtigten) Irrtümern, Falschauszählungen, fehlerhaften Auswertungen und Ähnlichem. Kein System ist perfekt, aber da wir auch in anderen, für uns selbst oft wesentlich sensibleren Bereichen als Wahlen, mittlerweile auf Online-Lösungen vertrauen, gibt es grundsätzlich keinen Grund, warum dies bei der demokratischen Abstimmung nicht ebenso sein sollte.

Die konkrete Umsetzung kann dabei auf verschiedenen Wegen erfolgen: Denkbar wäre beispielsweise ein Zugang mit Hilfe von einmalig an alle Inhaber eines Personalausweises o. Ä. vergebenen Codes. Oder Wähler könnten wie bisher direkt angeschrieben werden und einen Zugangscode bekommen, den sie nützen können, aber nicht müssen. Niemand sollte dazu gezwungen werden, seine Stimme nur online abzugeben – so wie auch niemand gezwungen ist, Online-Banking zu verwenden oder Musik über MP3-Dateien zu hören. Aber das kann nicht heißen, dass diejenigen, die das tun möchten (und damit im Übrigen einen Beitrag zur Weiterentwicklung des ganzen Systems leisten), darauf verzichten müssen. Und der Bedarf manifestiert sich mittlerweile schon deutlich: Bei der letzten Bundestagswahl 2013 stieg (beispielsweise im Münchner Raum) die Zahl der Briefwähler deutlich an, so dass die Wahlämter zum Teil Schwierigkeiten hatten, mit dem Versand der Wahlunterlagen nachzukommen. Hier sollte man von vornherein gleich die gesamte Prozedur vereinfachen und Wahlen (in gründlich abgesicherter Form) online stattfinden lassen.

Die aktuell von der Großen Koalition angestoßene Diskussion um mehr Volksabstimmungen könnte in dieser Richtung genutzt werden. Unabhängig davon, ob man mehr Plebiszite für grundsätzlich sinnvoll ansieht oder nicht, so wäre es doch eine gute Möglichkeit, um direkte Demokratie in anderer Weise als nur bei sehr groben und pauschalen Fragen anzuwenden. Es würde den Wettbewerb unter den Parteien zum Wohl der Bürger verstärken, wenn man dies (in geeigneter Weise) umsetzte. Gegenwärtig ist der Wettbewerb ausgesprochen pauschal zugeschnitten – um einen Vergleich zu bemühen: Wähler sind zur Zeit eher auf einem Stand (in betriebswirtschaftlichen Konzepten) der Wirtschaft zum Zweck der Bedürfnisbefriedigung der fünfziger Jahre. Man konnte damals auf vielen Märkten nur sehr pauschal wählen: etwa Waschmittel – ja oder nein? Butter und andere Lebensmittel – ja oder nein? Seitdem haben wir uns in verschiedenen Stadien weiterentwickelt zu der heutigen, sehr auf den individuellen Konsumenten orientierten Ökonomie.

Ich will damit nicht sagen, dass sich Politik in jeder Hinsicht an der Entwicklung der Ökonomie orientieren sollte und kann. Zweifellos stehen Wählern die detaillierten Informationen über politische Fragen nicht immer so zur Verfügung wie bei privaten Gütern. Wähler informieren sich zweifellos auch sehr selektiv, je nach Interessenlage, so dass möglicherweise bestimmte Verzerrungen zugunsten besonders aktiver Gruppen beispielsweise bei einem weiteren starken Ausbau von direkter Demokratie entstehen. (Die Politikwissenschaft beschäftigt sich mit diesem Feld seit langem.) Aber das kann im Umkehrschluss eben auch nicht heißen, dass man nicht einige direkte Elemente stärker umsetzen, sondern nur auf dem Erreichten stehen bleiben sollte.

Ethische Standards für Wettbewerb in der politischen Arena

Von einer Ethik des Wettbewerbs erwartet man, dass sie sich auch mit Standards der Fairness im politischen Wettbewerb beschäftigt. Für Unternehmen haben wir im Wettbewerb schließlich auch eine ganze Reihe von Standards etabliert, so etwa das Kartellverbot, Verbote von Betrug, Erpressung, Korruption und andere. Es ist also zu erwarten, dass auch in anderen Bereichen der Gesellschaft Wettbewerb nicht ohne Regeln ablaufen kann.

Wendet man den Blick dabei zunächst immer von den Unternehmen ab auf andere, politisch tätige Akteure, so fallen einem die Nicht-Regierungsorganisationen (NGOs) ins Auge.

NGOs sind in der globalisierten Wirtschaft eine neuartige Kontrollinstanz, die – in vieler Hinsicht durchaus erfolgreich – die Handlungen anderer Akteure, insbesondere der multinationalen Unternehmen, beobachtet und überwacht. Während in der Globalisierung die Regelungsmöglichkeiten der Nationalstaaten abgenommen haben, internationale Organisationen (noch) vergleichsweise relativ schwache Wirkungen erzielen, sind NGOs oft schon außerordentlich schlagkräftig organisiert, in vielen Ländern vertreten und verfügen über sehr engagierte Mitglieder. Mindestens seit der (in vieler Hinsicht komplexen und problematischen) Brent-Spar-Affäre von 1995 werden NGOs von den multinationalen Unternehmen als Gesprächs-, Kooperations- und Verhandlungspartner ernst genommen. Man sieht dies etwa an der (von der Öffentlichkeit meist mit zahlreichen Skandalen assoziierten) Ölindustrie, in der eine ganze Reihe von Beispielen für erfolgreiche Zusammenarbeit von Unternehmen und NGOs genannt werden können.[86]

Allerdings muss die Frage nach den Standards auch in die andere Richtung gestellt werden: Es gibt ebenso Fälle, in denen NGOs vorgeworfen werden kann, Kampagnen nicht nur zuzuspitzen, sondern deutlich zu überziehen und damit nicht einmal minimale ethische Standards zu befolgen.

Ein erstes Beispiel war bereits der Brent-Spar-Fall: Greenpeace musste im Nachhinein einräumen, dass deutlich weniger Restöl in der zur Versenkung bestimmten Bohrplattform vorhanden war als behauptet.

Ein weiteres Beispiel liefert die Kampagne des BUND von 2013 gegen den Einsatz von Pestiziden. In dieser Kampagne wurde ein Video online gezeigt, in dem ein kleines Kind mit Erde spielt. Man sieht einen Acker, in dem viele andere Kinder wie Getreidepflanzen halb in der Erde vergraben sind. Danach fliegt ein Flugzeug über den Acker und versprüht offensichtlich Pestizide, so dass sich eine Wolke über die Kinder legt. Zum Schluss wird der Text eingeblendet: «Pestizide. Hergestellt, um zu töten.»

Mit dieser Kampagne werden einige Grenzen überschritten. Es ist legitim, Sachverhalte zuzuspitzen, um mediale Aufmerksamkeit überhaupt erst einmal zu erregen. Ohne dies kommen NGOs zweifellos nicht aus. Aber einige ethische Standards sollten fairerweise für alle Seiten gilt:

- Zuspitzung ist grundsätzlich legitim, sie sollte aber etwa keine persönlichen Beleidigungen, Unterstellungen oder Ähnliches enthalten. In der BUND-Kampagne fühlten sich viele Landwirte pauschal verdächtigt zu töten – und zwar nicht Getreide, sondern Menschen. Man kann darüber streiten, ob diese Sichtweise der Kampagne angemessen ist – aber das Kriterium ist unabhängig von einer konkreten Kampagne ein sinnvolles und faires: keine persönlichen Angriffe (etwa Tötungs- oder Mordvorwürfe) dieser Art! In dieser Weise sind auch Werbekampagnen von Unternehmen immer wieder gerügt und schließlich auch beendet worden.[87]
- Oft gibt es in den entsprechenden Bereichen wissenschaftliche Kontroversen. Insofern ist es grundsätzlich zwar zulässig, wissenschaftliche Ergebnisse in gewisser Weise selektiv

heranzuziehen. In längeren, flankierenden Berichten oder Veröffentlichungen sollten dann aber massiv widersprechende Ergebnisse – zumindest am Rande – auch erwähnt werden. Es geht hier nicht um rechtliche, sondern um wissenschaftliche Standards für Vertreter, die zumindest teilweise selbst auch einen wissenschaftlichen Anspruch erheben.

– Oftmals sind die Menschen viel weiter, als Politiker oder Interessenvertreter glauben: Sie können sich durchaus ein differenzierteres Bild machen. Man sollte nicht aus einzelnen Befunden schließen, dass die meisten Menschen nicht in der Lage sind, komplexere, ausgewogenere und mehrschichtige Informationen wenigstens grundsätzlich zu erfassen. Häufig handelt es sich um jene von Vertretern (und Rezipienten) bestimmter klassischer Medien erzeugte Ansicht, «Bild, BamS und Glotze» reichten den meisten Menschen.
  Die Kritiker dieses Verständnisses, die seit Jahren von einem durch das Internet beförderten neuen Ideal der Internet-Kommunikation sprechen, scheinen nach dem Absturz der Piratenpartei einen Dämpfer erhalten zu haben. Das wird jedoch nur ein vorübergehender Zustand sein. Mindestens mittelfristig werden die sozialen Netzwerke den Wettbewerb im Bereich der politischen Arena noch stärker verändern, als sie es bisher schon tun. Das wird spätestens dann voll zu Buche schlagen, wenn alle Vertreter oder zumindest die große Mehrheit der jeweils aktuellen Politikergeneration das Internet nicht mehr als ‹Neuland› betrachten. Und dieser Tag wird unweigerlich kommen.

Was uns dann letztlich erwartet, ist nur bedingt vorherzusehen. Politischer Wettbewerb könnte stärker als bisher personalisiert, auf einzelne Politikerpersönlichkeiten zugeschnitten werden. Faktisch ist das jedoch auch derzeit schon stark der Fall, wie man an Angela Merkel und ihrem Wahlkampf 2013 sieht. Das muss auch nicht unbedingt von Nachteil sein, denn die Zeit stark polarisierender und zugespitzter inhaltsorientierter Wahlkämpfe mit sich unversöhnlich gegenüberstehenden Lagern scheint doch vorbei.

Gefahren dieser Veränderungen sehe ich eher in Hinblick auf die Zukunftsorientierung der Politik in Deutschland: Es besteht die reelle Gefahr, dass man sich mit kleinen Reformschritten, mit allseits zustimmungsfähigen, auf den kleinsten gemeinsamen Nenner gebrachten Veränderungen begnügt. Strategische Umorientierungen, politische Großprojekte und -baustellen werden systematisch liegen gelassen und ignoriert. Reformen im Gesundheitswesen (vgl. Kap. 6) wie auch bildungspolitische Weichenstellungen (vgl. Kap. 5) gehören dazu. Es besteht die Gefahr, dass man sich nur auf Bewährtes konzentriert, kurzfristig damit auch in Maßen erfolgreich ist, mittel- bis langfristig aber internationalen Anschluss und dynamische Entwicklung aufs Spiel setzt. Ich habe diese Entwicklung an anderer Stelle als Gefahr eines «Biotop-Denkens»[88] bezeichnet. Gerade weil Deutschland gegenwärtig in vieler Hinsicht erfolgreich ist, sollte es nicht in ein solches Biotop-Denken verfallen. Damit würde es nicht nur seine ökonomische Wettbewerbsfähigkeit gefährden, sondern ethischen Zielen wäre mit einer Beschränkung und Genügsamkeit unter Bedingungen der Globalisierung auch nicht geholfen.[89]

Kapitel 8

Unser privater Umgang mit dem Wettbewerb

In den vorangegangenen Kapiteln habe ich das Thema Wettbewerb vornehmlich von gesellschaftlichen, oder besser: strukturellen Gesichtspunkten her betrachtet. Das war notwendig, weil die Ethik dazu neigt, strukturelle Probleme nicht als solche zu erkennen und sie stattdessen auf individuelle Probleme zurückzuführen. Nichtsdestotrotz möchte ich zum Schluss dieses Buches auch auf Fragen des Einzelnen, des Kleinen, des – wie viele Ethiker es fordern – menschlichen Maßes eingehen. Tatsächlich kann auch für die Alltags- und Akteursperspektive eine Neubetrachtung und -bewertung des Konzepts Wettbewerb eine Rolle spielen.

So glaube ich etwa, dass es für ganz alltägliche Fragen der Erziehung von Kindern einen Unterschied darstellt, welche Hintergrundkonzeptionen von Wettbewerb Eltern im Kopf haben. Dazu ein prominentes Beispiel, das aber, wie ich glaube, typisch in vieler Hinsicht ist:

Prinz Andrew erklärte einmal in einem Interview (vom 17. Dezember 2008), in seiner Familie (dem britischen Königshaus also) sei das Spiel Monopoly niemals gespielt worden, da es «too vicious» sei. Dieses Zitat, das im Grunde nur bedeutet, dass das Spiel für die Beteiligten gewissermaßen «zu heftig» wurde, übersetzten deutsche Zeitungen mit «zu teuflisch». Über die Bedeutung des Wortes im Einzelnen mag man sich streiten, aber es ist klar, dass die deutschen Blätter eine moralische Ablehnung dieses stark kompetitiv orientierten Spiels durch die britische Königsfamilie unterstellten, die sich ihrerseits mutmaßlich auf bestimmte anti-ökonomische Hintergrundvorstellungen gestützt hätte. Die Rezeption sagt aber – wie so oft – mehr über die Rezipienten aus als über die tatsächlich handelnden Personen.

Allerdings kann ich Ähnliches aus meiner persönlichen Erfahrung berichten: In meiner Familie wurde zwar Monopoly gespielt, aber ohne ein entscheidendes Element: die Versteigerung von Straßen. Wie jedem, der schon einmal Monopoly gespielt hat, bekannt ist, werden Straßen, die nicht sofort an den jeweils auf dem Spielfeld landenden Spieler verkauft werden, meistbietend versteigert. Lässt man dieses Element aus, so verändern sich Spielverlauf, Spielcharakter und Sinn massiv. Zunächst einmal wird das Spiel langsamer, behäbiger. Vor allem aber lässt es jene Spieler, die bereits viel verdient haben, auch weniger um ihre Position fürchten, sprich: Das Spiel wird früher zugunsten der Etablierten entschieden, die ihre Position weiter ausbauen. All das sind im Grunde klassische Lehren der Wettbewerbstheorie, die man im Kleinen beim Monopoly wiederfinden kann.

Sinnvoll ist dieses Spiel aber gerade zum Begreifen und Verstehen der Funktionsweise marktwirtschaftlicher Mechanismen. Das heißt nicht, dass man die Beteiligten zu gierigen Egoisten erzieht, sondern nur, dass man ihnen die Logik des marktwirtschaftlichen Systems näherbringt – und damit vor allem die Chancen, die sich plötzlich bieten können und die ergriffen werden sollten. Es bringt eine erheblich größere Dynamik mit ins Spiel, wenn plötzlich Immobilien (in diesem Fall Straßen) in einer Versteigerung zu deutlich niedrigeren Preisen erhältlich sind. Man muss im richtigen Moment zugreifen und darf nicht zu lange zögern. Zu große Vorsicht und zu hohe Risikoscheue werden in diesem Spiel bestraft.

Aber gegen Spiele dieser Art und ihre Markt-Logik gibt es kontinuierlich moralische Vorbehalte. In Studien und Experimenten wurde beispielsweise mehrfach untersucht, welche Zuteilungsmechanismen bei Gütern von den Beteiligten als möglichst gerecht beziehungsweise fair empfunden werden.[90] Regelmäßig stellt sich im Ergebnis heraus, dass viele Menschen einen Mechanismus am fairsten finden, bei dem nach dem Prinzip «first come first served» (auch Windhundverfahren genannt) vorgegangen wird. Verteilungsmechanismen dagegen, die auf Varianten des Preismechanismus beruhen, werden nahezu durchweg als weniger fair angesehen.

Das heißt im Klartext: Extrem konservative, um nicht zu sagen undemokratische Mechanismen werden als besonders fair oder gerecht angesehen. Denn ein Prinzip, bei dem derjenige, der sich ein Gut zuerst gesichert hat, dies für alle Zeiten behalten kann, ist bestenfalls im kleinen Nahbereich, für kleine Gemeinschaften geeignet und gerechtfertigt. In der großen demokratischen Gesellschaft mit Marktwirtschaft können wir so in der Regel nicht verfahren. Wie im ersten und zweiten Kapitel dargelegt, kann die Marktwirtschaft ihre ethische Logik nur entfalten, weil und wenn sie Preismechanismen nutzt und knappe, in unproduktiven Funktionen gebundene Ressourcen auch wieder freigeben kann. Nur dann bildet sich der moralische Sinn, der moralische Gewinn auf der *System*ebene der Marktwirtschaft heraus. Jene Gesellschaften, die ohne den Preismechanismus auskommen wollen, seien es konservativständische autoritäre Systeme oder sozialistische Regimes, haben demgegenüber wohl kaum einen ethischen Vorsprung. Ein Euro ist nun mal ein Euro, egal, wer ihn auf den Tisch legt. Das ist ein zutiefst demokratisches Prinzip.

Und in der Praxis der Marktwirtschaft ist das ja auch der Fall: Nicht erst seit der Finanzkrise konnte man feststellen, dass nicht nur Manager, Unternehmer oder Banker das Beste im Wettbewerb herausholen wollen, sondern auch viele Kleinanleger. Sie sind sich dieser Markt- und Preismechanismen implizit bewusst – aber die moralische Oberflächenrhetorik steht dazu noch immer im Widerspruch.

Ein beliebter Vorwurf beispielsweise ist regelmäßig der, man verlasse die ‹goldene Mitte›. Diese goldene Mitte hat, wie bereits in Kapitel 1 und 2 dargelegt, eine lange Tradition in der Philosophie. Sie zählt zu den Argumenten einer Ethik der Mäßigung, in ihren verschiedenen Ausprägungen (mindestens) seit Aristoteles und seiner *Mesotes*-Lehre. Und sie hat sich in das Alltagsdenken stark eingefressen.

Konfrontiert mit solchen Argumenten, scheint es mir am sinnvollsten, zunächst zu fragen: Wie definiert man (für sich) die Mitte? Was sieht man als die jeweiligen Extrempositionen an? Manche sehen es beispielsweise als Extrem an, *überhaupt* an marktliche oder wettbewerbliche Lösungen in Bereichen wie Gesundheitswesen oder Ökologie zu denken. Für sie ist schon Wettbewerb innerhalb geeigneter Regeln eine Extremposition – zu der eine Situation mit maximaler staatlicher Regulierung das andere Extrem bilden soll. Dabei wird übersehen, dass es noch sehr viel weniger regulierte Szenarien geben kann, die von ‹echten› US-amerikanischen Libertären (wie etwa Ron Paul) befürwortet werden – und die ich aus Sicht einer Ethik des Wettbewerbs ebenfalls als in vieler Hinsicht höchst problematisch ansehe. Die hier vertretene ist dann aber die *mittlere* Position – wenn man das Spektrum der Möglichkeiten tatsächlich auslotet.

Oder aber man verzichtet auf das Argument der goldenen Mitte insgesamt. Das wäre auch deswegen sinnvoll, weil eine Mitte zwischen ungleichen Spielern bzw. Kontrahenten nicht unbedingt eine *faire* Mitte sein muss. Kommen wir zurück auf mein Bild aus Kapitel 3, das der Wippe: Sie scheint einen eindeutigen, gewissermaßen fairen Mittelpunkt zu haben. Was aber, wenn zwei deutlich ungleich schwere Kinder auf den beiden Enden sitzen?

Ein anderer Vorwurf ist der der Hybris: Sich als besser zu empfinden als andere, sich über andere erheben zu wollen, gilt vielen Moralisten als ein Kennzeichen für Unmoral par excellence. Wenn damit jene Fälle gemeint sind, in denen sich Einzelne auf Kosten der Allgemeinheit illegal bereichern, so trifft dieser Vorwurf sicherlich zu. Er sollte aber nicht auf jene Situationen übertragen werden, in denen sich besonders fähige, oder besonders gewitzte, oder schlicht besonders tatkräftige Individuen am Markt anstrengen, dabei besser werden als andere und auch mehr verdienen mögen als andere – und sei es auch *deutlich* mehr. Moral heißt nicht Gleichmacherei.[91]

In diesem Zusammenhang sind experimentelle Studien interessant, die ein Verhalten beobachten, mit dem man Konkurrenten im Konkurrenzkampf klein zu halten versucht. Einige Autoren nennen dies das «Krabbenkorb-Phänomen»: Danach seien zumindest ein Teil der Menschen weniger bereit, bestimmte Herrschaftshierarchien zu akzeptieren, und versuchten eher, alle Beteiligten auf einem gleichen Niveau zu halten – so wie Krabben andere Krabben dabei hindern, aus einem Korb herauszuklettern, auch wenn sie selbst gar nichts davon haben. Um in Führungspositionen zu gelangen, sollte man sich vom Krabbenkorb-Verhalten lösen.

Ich will hier nichts pauschalisieren und nicht behaupten, dass solches Verhalten angeboren sei – viele gelungene Beispiele aus der Praxis zeigen ja, dass solche Verhaltensweisen möglicherweise eher einer bestimmten Funktion geschuldet sind und sehr leicht übernommen werden können. Ich will auch keine Lanze für bestimmte Coaching-Techniken o. Ä. brechen. Ich weise lediglich darauf hin, dass bestimmte Verhaltensweisen mit dem Wettbewerb schwieriger zu vereinbaren sind – im eigenen Interesse der Beteiligten.

Generell lassen sich einige Folgerungen und Empfehlungen für unseren privaten Umgang mit Wettbewerb ableiten:

1) Nicht auf Konkurrenz eifersüchtig sein, sondern versuchen, den eigenen Weg zu finden!
   Wie bereits in Kapitel 7 dargelegt, ist es ein fundamentales Missverständnis zu glauben, dass Wettbewerb immer nur zu *einer* Lösung führt. Wettbewerb verzeiht nur eins nicht: Ineffizienz. Aber er fördert Vielfalt und Pluralismus. Zum einen gibt es auf vielen Märkten genügend Nischen; der

Markt erlaubt oft auch kleineren Anbietern eine durchaus produktive Existenz. Zum anderen ist dies auch als Wettbewerbs-Imperativ zu sehen: Sucht nach neuen Möglichkeiten, Produkten, Wegen! Dabei ist aber nicht das Sich-Gegenseitig-Kleinhalten der beste Ratschlag. Nur zu versuchen, die Wettbewerber vom Erfolg abzuhalten, ist auf die Dauer der falsche Weg. Stattdessen sollte man sich auf den Weg aus dem Krabbenkorb *hinaus* konzentrieren (der vielleicht in Kooperation mit anderen erreicht werden kann), aber nicht darauf, dass andere möglichst auch nicht hinauskönnen. Seid nicht eifersüchtig auf Mitbewerber um einen Arbeitsplatz, eine bestimmte Position in der Firma u. a.! Man sollte sich lieber darum kümmern, die eigene Stellung insgesamt zu verbessern, und dabei nicht nur ein ganz bestimmtes Ziel im Auge haben. Hedge your bets! Don't put all your eggs in one basket. Ebenso sollten sich Unternehmen, gerade auch Großunternehmen, darauf konzentrieren, selber erfolgreich zu sein und die eigenen Produkte, den Service und die Qualität zu verbessern. Versuche, neue Mitbewerber mit diversen Arten von Tricks vom Markt fernzuhalten, sind auf die Dauer weder vertretbar, noch werden sie – ohne politische Unterstützung – von Erfolg gekrönt sein, jedenfalls nicht in einer demokratischen Gesellschaft mit einer funktionierenden Marktwirtschaft und ihren Institutionen.
Gegenwärtig beobachten wir den Trend, dass in vielen Bereichen Privatpersonen und sehr kleine Anbieter dazu übergehen, von ihnen erworbene Güter (gegen vergleichsweise geringes Entgelt) zu teilen, was unter dem Begriff «Shareconomy» bereits breite mediale Aufmerksamkeit erlangt hat. Ich bin zwar nicht der Ansicht, dass es sich hier um eine völlig neue Form von Ökonomie handelt; man kann das Nutzen und Teilen von Reserven und ungenutzten Kapazitäten auch im Rahmen eines klassischen Ökonomie-Verständnisses einordnen.

Aber zweifellos ist die Shareconomy angesichts der neuen technischen Möglichkeiten von Internet, sozialen Netzwerken, Smartphones u. a. eine neue Dimension des Wettbewerbs, die gute Chance hat, sich dauerhaft zu etablieren. Wie man gegenwärtig bereits angesichts von Carsharing-Plattformen, Couchsurfing und anderen Märkten sieht, sind Menschen nicht nur bereit, ihre Güter gegen Geld zu teilen, sondern sie haben jetzt auch die Möglichkeiten dazu. Dazu gehört nicht nur die Technologie, sondern auch Arten ethischer Mechanismen des Vertrauensaufbaus, der etwa über die Bewertungssysteme bei vielen dieser Plattformen führt. Insofern ist die Shareconomy ein dauerhafter und aus Sicht einer Ethik des Wettbewerbs zu begrüßender Trend.

Bedenklich ist jedoch, dass immer wieder Anbieter auf den Märkten versuchen, diese privaten Wettbewerber zu behindern. So kürzlich beispielsweise in der Branche der Autovermieter, als versucht wurde, Carsharing-Plattformen mit juristischen Mitteln vom Markt fernzuhalten, mit dem Argument, diese privaten Anbieter würden sich nicht ausreichend um die Sicherheit ihrer Fahrzeuge bemühen. Auch hier gilt, wie entsprechend in den vorangegangenen Kapiteln: Die Sicherheit der Fahrzeuge muss auf anderen Wegen, mit denen wir hinreichend Erfahrung haben (Dekra u. a.), sichergestellt werden. Den Wettbewerb darf man damit nicht blockieren, behindern oder vernichten.

2) Denkt nicht in Nullsummenspielen, weder beruflich noch privat!

Die Krabben im Krabbenkorb ‹denken› im Nullsummenschema: Ich muss verhindern, dass mein Gegenüber erfolgreich ist. Das mag zwar für Krabben angemessen sein, für Menschen ist es das weniger: Letztlich denkt man damit Wettbewerb als Wett*kampf* (siehe Kapitel 1), der auf Vernichtung aus ist – und man denkt diesen Wettkampf in Nullsummenkategorien der Vormoderne. Wie eingangs beschrieben, war dieses Denken der vormodernen Gesellschaft durchaus angemessen, und die Ethik der Mäßigung sollte die schlimmsten Auswirkungen der Nullsummengesellschaft dämpfen. Aber wir müssen in der modernen, globalisierten Wirtschaft akzeptieren, dass auch andere sehr erfolgreich sein können – solange man selber dadurch nicht schlechter, nach Möglichkeit besser gestellt wird. Und man sollte sich im Wettbewerb um Positionen, Güter, Geld und was auch immer auf die eigenen Stärken besinnen, die einen selbst, aber eben auch andere zu Erfolgen führen können. Wettbewerb in der Marktwirtschaft sollten wir nicht in überholten Nullsummen-Kategorien denken, auch nicht im privaten Bereich.

Das Leben ist keine Wippe, die Metapher ist verfehlt. Eine Wippe ist ein echtes Nullsummenspiel, bei dem einmal der eine, einmal der andere oben ist – und sein Gegenüber notwendig unten. So denken aber immer noch viele Menschen, gerade in Deutschland, wo das gegenseitige Sich-Klein-Denken und -Klein-Reden eine gewisse Tradition hat. Man mag versuchen, das mit kulturellen historischen Erfahrungen zu erklären, etwa der Tatsache, dass in Deutschland bis 1989 alle Revolutionen von unten mehr oder weniger scheiterten, oder mit der im Vergleich zu anderen Staaten erst relativ spät einsetzenden Industrialisierung. Jedenfalls gibt es – immer noch – hierzulande eher als in anderen Ländern ein Gefühl des «wir da unten, die da oben», das zum Glauben verleitet, man könne ohnehin nicht deutlich mehr als andere erreichen[92] – und selbst wenn jemand erfolgreich ist, dann ist die heimliche Überzeugung oft derart, er oder sie müsse dafür in irgendeiner Weise einen faustischen Preis gezahlt haben.

Überhaupt, noch einmal zurück zu Goethe: Der «Faust» wird ja gerne selektiv rezipiert, nämlich in der Regel nur Teil 1, der weitgehend als Nullsummenspiel angelegt ist, in dem Faust seinen Preis bezahlt, seine Seele verkauft, sein

Gretchen verliert. Die eigentliche Faust-Story beginnt aber im Grunde erst in Teil 2 mit den Unternehmungen Fausts, die oft zwielichtig erscheinen, die aber, bis hin zum Deichbauprojekt des Greises, nicht zwangsläufig Nullsummenspiele darstellen. Vielmehr machen sie erst den eigentlichen Lebenserfolg aus, die Lebensleistung Fausts. In ihnen schafft er es, mehr zu bewirken und zu unternehmen als andere, und am Ende wird er gerade *nicht* verdammt. Aber dies wird selten von einer breiten Allgemeinheit rezipiert; ungemein bekannter ist der Teil 1.

Und man muss mit Goethe zumindest in dieser Hinsicht sicherlich auch zugestehen: Amerika, du hast es besser. Das Denken in Nullsummenspielen ist US-Amerikanern – eine leichte Übertreibung gestehe ich dabei gerne zu – fremd. Ein wichtiges Element des zweifellos immer noch sehr virulenten Gedankens des *American Dream* ist gerade, dass man mehr erreichen kann, mehr aus sich machen kann, auch ohne dass man einen faustischen Pakt eingeht und den Preis des Teufels bezahlt. Man muss nicht den alten Tellerwäscher-Mythos bemühen, aber eins ist bis heute im amerikanischen Alltagsdenken fest verankert: Es gibt kein naturnotwendiges «wir hier unten, die da oben», sondern man kann – und zwar in Kooperation mit anderen, die dabei durchaus auch gewinnen können – etwas erreichen.

3) Seid unternehmerisch tätig!

Das schließt an den vorigen Punkt an. In Deutschland sind wir gegenüber der Selbstständigkeit, gegenüber der unternehmerischen Herangehensweise immer noch recht zögerlich. Wie Statistiken des Global Entrepreneurship Monitor 2013[93] gerade wieder gezeigt haben, ist der Entrepreneurship-Gedanke in Deutschland immer noch unterentwickelt (Zitat: «Deutschland gehört zu den Ländern mit der negativsten Einstellung zur Selbstständigkeit»[94]). Im Gegenteil gibt es immer noch starke Vorbehalte dagegen, die ihren besonders prägnanten Ausdruck in Sprüchen finden wie dem Brecht'schen Zitat «Was ist der Einbruch in eine Bank verglichen mit der Gründung einer Bank?»

Hier müssen wir noch stärker als bisher dazulernen. Nicht nur Amerikaner, auch Chinesen, Vietnamesen, Koreaner und viele andere machen es vor. Wir brauchen mehr unternehmerisches Denken, und zwar in allen Bereichen der Gesellschaft. Wir brauchen nicht nur den klassischen Unternehmer in der Wirtschaft im engeren Sinn, sondern auch Unternehmerinnen und Unternehmer in Wissenschaft, in Nichtregierungsorganisationen, im sozialen Bereich (Social Entrepreneurship) oder auch im Bildungssektor.

Und hier muss auch die Ethik dazulernen. Ich habe es in diesem Buch mehrfach angesprochen: Ethik sollte nicht nur als Bremse verstanden werden. Ethik sollte sich nicht nur um das rechte Maß, um die goldene Mitte, um Entschleunigung oder möglichst große Harmonie auf Kosten von Dynamik bemühen. Was wir brauchen, ist eine Ethik, die auch Unternehmergeist und wettbewerbliches Denken als moralisch wertvoll hervorhebt.

Gleichnisse wie jenes von den drei Knechten (vgl. Kapitel 3) und andere verwandte Geschichten sind dabei hilfreich. Auch die Kinder- und Jugendbuchliteratur sollte einmal daraufhin systematisch analysiert werden, wie sie unternehmerische Figuren, Unternehmertum, Kaufleute und insgesamt ökonomisches Gedankengut darstellt. Für die Schulbücher aus diesem Bereich ist eine Studie des IW Köln 2011 zu dem Ergebnis gelangt: Ökonomie – unbefriedigend. Die Darstellungen sind in vieler Hinsicht veraltet und einseitig, so dass die Studie zu dem Schluss kommt:

«Den Unterrichtsmaterialien zur ökonomischen Bildung, die an den Schulen in Deutschland zum Einsatz kommen, liegt ein zu eng begrenztes Wirtschaftsbild zugrunde. [...] den innovativen und risikobereiten Unternehmer, der mit neuen Geschäftsmodellen und -ideen zusätzliche Arbeitsplätze schafft und die wirtschaftliche Entwicklung fördert, sucht man in den Büchern vergebens [...] Während einige Themenbereiche wie Strukturwandel, Verteilungsgerechtigkeit, Arbeitslosigkeit oder Ökologie von der Mehrzahl der Bücher ausführlich behandelt werden, kommen andere Aspekte viel zu kurz: So spielt die unternehmerische Selbstständigkeit lediglich in 18 Prozent des Lektürekanons eine Rolle. Auf diese Weise bleiben Unternehmen und Unternehmer als Akteure im Wirtschaftsprozess weitgehend unbeleuchtet. Auch so naheliegende Inhalte wie der eigenverantwortliche Umgang mit Geld kommen selten vor.»[95]

Das sind weitere Belege dafür, dass Unternehmertum in vieler Hinsicht vernachlässigt, jedenfalls nicht gefördert wird. Ermutigend sind dagegen aber Zahlen, die belegen, dass ‹unorthodoxe› unternehmerische Engagements auf dem Vormarsch sind, so insbesondere etwas das Social Entrepreneurship.[96]

Wir brauchen mehr Unternehmertum

Wettbewerb und Unternehmertum sollten in ethischer Perspektive grundlegend neu bewertet werden. Über die verschiedenen Kapitel hinweg habe ich deutlich werden lassen, dass sich viele Verbesserungen in Bereichen wie Gesundheitswesen, Bildung, Ökologie und anderen nur durch verstärkten Einsatz ökonomischer Mechanismen und mit intensiviertem Wettbewerb lösen lassen. Diese Lösungen werden jedoch oft durch verfehltes Reden und Diskutieren über den Wettbewerb blockiert. Solche Diskussionen stecken zumeist in überholten, verfehlten Kategorien fest. Allein nur mehr ökonomisches Wissen zu vermitteln oder zu fordern, reicht nicht aus. Wettbewerb ist mehr als ein ökonomisches Konzept und ist nicht spezifisch an ökonomische Mechanismen und Märkte im engeren Sinn gebunden. Es handelt sich um einen allgemeinen Problemlösungsmechanismus, der in seiner vollen Leistungsfähigkeit gewürdigt werden sollte.

Man wird immer wieder auf Widerstand stoßen, wenn man Verbesserungen als «Ökonomisierung» oder «Vermarktlichung» o. Ä. beschreibt. Setzt man dagegen auch in der öffentlichen Semantik darauf, den *Wettbewerb* zugunsten aller arbeiten zu lassen – und damit auch jene, denen es besser geht, unter Druck zu setzen –, so wird man, das wage ich zu prophezeien, mehr Erfolg erzielen. Der Wettbewerb jedenfalls ist nicht unser Problem, weder in ethischer noch in ökonomischer Hinsicht. Walther Rathenau sagte dazu einmal:

«Eine Klage über die Schärfe des Wettbewerbs ist in Wirklichkeit nur eine Klage über den Mangel an Einfällen.»[97]

Ich habe in Kapitel 3 eine evolutionäre Erklärung für die Vorbehalte vieler Menschen gegen diese und ähnliche Ratschläge skizziert. Man kann dies in folgendem Bild zusammenfassen:

Kwame Appiah schreibt in seinem Buch *Ethische Experimente*: «Die Natur hat unsere Vorfahren gelehrt zu gehen; wir können uns selbst beibringen zu tanzen.» (Appiah 2009, 127). Wir sind somit zum einen nicht in jeder *möglichen* Hinsicht evolutionär geprägt, zum anderen lassen die vorhandenen Prägungen auch einen hinreichend großen Spielraum. Wir können deshalb durchaus neue Stufen erklimmen. Wir müssen nicht mit dem alten Instrumentarium der vormodernen Subsistenzwirtschafts-Ethik weitermachen. Unsere biologische und kulturelle Vergangenheit will uns zum Nullsummen- und Subsistenzdenken zwingen. Aber wir können tanzen lernen. Wir müssen den ethischen Tanz mit dem Wettbewerb aufnehmen.

Bibliographie

Ainslie, George (1974): Impulse Control in Pigeons, in: Journal of the Experimental Analysis of Behavior, 21(3), 485 – 489.

Akerlof, George A. (1970): The Market for Lemons: Quality, Uncertainty and The Market Mechanism, in: Quarterly Journal of Economics (84 : 3), 488–500.

Andreoni, James (1988): Why Free Ride? Strategies and Learning in Public Goods Experiments, Journal of Public Economics, vol. 37, 291 – 304.

Appiah, Kwame A. (2009): Ethische Experimente: Übungen zum guten Leben, München: Beck.

Badiou, Alain (2010): The Communist Hypothesis, London: Verso.

Baumol, William J. (2002): The Free-Market Innovation Machine: Analyzing the Growth Miracle of Capitalism, Princeton: Princeton University Press.

Baurmann, Michael (1996): Der Markt der Tugend. Recht und Moral in der liberalen Gesellschaft. Eine soziologische Untersuchung. Tübingen: Mohr (Siebeck).

Binmore, Ken (1994): Game Theory and the Social Contract. Vol. 1: Playing Fair. Cambridge, Mass., London: MIT Press.

Binmore, Ken (1998): Game Theory and the Social Contract. Vol. 2: Just Playing. Cambridge, Mass., London: MIT Press.

Binmore, Ken (2010): Social Norms or Social Preferences?, Mind and Society, vol. 9, 139 – 158.

Böhm, Franz (2007): Entmachtung durch Wettbewerb, hrsg. von Traugott Roser und Walter Oswalt, Münster: LIT.

Bond, Alan B.; Kamil, Alan C.; Balda, Russell P. (2003): Social Complexity and Transitive Inference in Corvids, in: Animal Behaviour, 65(3), March 2003, 479 – 487.

Bowyer, Catherine (2010): Anticipated Indirect Land Use Change Associated with Expanded Use of Biofuels and Bioliquids in the EU – An Analysis of the National Renewable Energy Action Plans,

Institute for European Environmental Policy (IEEP), November 2010.
Brennan, Geoffrey und James M. Buchanan (1980/1988): Besteuerung und Staatsgewalt. Analytische Grundlagen einer Finanzverfassung, hrsg. von Cay Folkers, Hamburg: Steuer- und Wirtschaftsverlag.
Camerer, Colin (2003): Behavioral Game Theory: Experiments in Strategic Interaction, Princeton: Princeton University Press.
Carrier, Martin (2006): Wissenschaftstheorie zur Einführung, Hamburg: Junius.
Chen, M. Keith; Lakshminarayanan, Venkat; Santos, Laurie (2006): How Basic Are Behavioral Biases? Evidence from Capuchin Monkey Trading Behavior, in: Journal of Political Economy 114(3), 517–537.
Chun, Shan (2012): Major Aspects of Chinese Religion and Philosophy: Dao of Inner Saint and Outer King, Heidelberg/New York: Springer.
Cicero, Marcus Tullius (1959): Vom pflichtgemäßen Handeln. «De officiis». Übersetzt und erläutert von Karl Atzert. München: Goldmann.
Cremer, Georg (2007): Ausschreibung sozialer Dienstleistungen als Problem, in: Detlef Aufderheide u. a. (Hrsg.), Markt und Wettbewerb in der Sozialwirtschaft, Berlin: Duncker und Humblot, 249–269.
Crozier, Justin (2002): «A Unique Experiment», China in Focus – The Journal of the Society for Anglo-Chinese Understanding, Issue 12.
Downs, Anthony (1957/1968): Ökonomische Theorie der Demokratie, Tübingen: Mohr.
Eckl, Andreas (2013): Kant and Hegel on Property, in: Lütge (2013a), Bd. 1, 385–414.
Fetscher, Iring (1973): Zur Aktualität der politischen Philosophie Hegels, in: Hegel-Bilanz. Zur Aktualität und Inaktualität der Philosophie Hegels, hrsg. von Reinhard Heede und Joachim Ritter, Frankfurt: Klostermann, 193–213.
Fichte, Johann Gottlieb (1800/1917): Der geschlossene Handelsstaat. Ein philosophischer Entwurf als Anhang zur Rechtslehre und Probe einer künftig zu liefernden Politik. Leipzig: Insel.
Frey, Bruno S. und Werner W. Pommerehne (1993): On the Fairness of Pricing — An Empirical Survey Among the General Population, in: Journal of Economic Behavior & Organization 20, No. 3, April 1993, 295–307.

Friedman, Milton (1962): Capitalism and Freedom, Chicago: Chicago University Press.

Gassmann, Oliver (Hrsg.) (2010): Crowdsourcing, Innovationsmanagement mit Schwarmintelligenz, München, Wien: Hanser.

Gintis, Herbert (2009): Review of Brian Skyrms: The Stag Hunt and the Evolution of Social Structure, in: Communications & Strategies 2009.

Glauben, Thomas, Ingo Pies, Sören Prehn, Matthias Georg Will (2012): Alarm oder Fehlalarm? Ergebnisse eines Literaturüberblicks über empirische Forschungsarbeiten zur Finanzspekulation mit Agrarrohstoffen, IAMO Policy Brief Nr. 9, hrsg. vom Leibniz-Institut für Agrarentwicklung in Mittel- und Osteuropa (IAMO) (http://tinyurl.com/glauben2012).

Graafland, J.J. (2009): Do Markets Crowd Out Virtues? An Aristotelian Framework, in: Journal of Business Ethics 91, 1–19.

Graeber, David (2012): Schulden. Die ersten 5000 Jahre, Stuttgart: Klett-Cotta.

Habermas, Jürgen (1992): Faktizität und Geltung: Beiträge zur Diskurstheorie des Rechts und des demokratischen Rechtsstaats, Frankfurt/M.: Suhrkamp.

Haskell, Thomas L. (1984): Professionalism versus Capitalism: R. H. Tawney, Emile Durkheim, and C. S. Peirce on the Disinterestedness of Professional Communities, in: Thomas L. Haskell (Hrsg.): The Authority of Experts: Studies in History and Theory, Bloomington: Indiana University Press, 180–225.

Hayek, Friedrich August von (1968/1994): Der Wettbewerb als Entdeckungsverfahren, in: Freiburger Studien. Gesammelte Aufsätze, 2. Aufl.. Tübingen: Mohr, 249–265.

Hegel, Georg Wilhelm Friedrich (1821/1986): Grundlinien der Philosophie des Rechts, oder Naturrecht und Staatswissenschaft im Grundrisse, in: Werke, hrsg. von Eva Moldenhauer und Karl Markus Michel, Bd. 7, Frankfurt am Main: Suhrkamp.

Hengsbach, Friedhelm (1995): Abschied von der Konkurrenzgesellschaft. Für eine neue Ethik in Politik, Wirtschaft und Gesellschaft, München: Knaur.

Hessel, Stéphane und Edgar Morin (2012): Wege der Hoffnung, 2. Aufl., Berlin: Ullstein.

Hierholzer, Vera und Sandra Richter (Hrsg.) (2012): Goethe und das Geld: Der Dichter und die moderne Wirtschaft, Frankfurt am Main: Freies Deutsches Hochstift.

Hobbes, Thomas (1651/1995): Leviathan, übersetzt von J. P. Mayer, Stuttgart: Reclam.

Höffe, Otfried (1999/2002): Demokratie im Zeitalter der Globalisierung, 1., überarbeitete und aktualisierte Neuausgabe, München: C.H.Beck.

Höffe, Otfried (2001): Gerechtigkeit. Eine philosophische Einführung, München: C.H.Beck.

Höffe, Otfried (2009): Ist die Demokratie zukunftsfähig? Über moderne Politik, München: C.H.Beck.

Homann, Karl (1988): Rationalität und Demokratie, Tübingen: Mohr.

Homann, Karl (2002): Vorteile und Anreize, hrsg. von C. Lütge, Tübingen: Mohr Siebeck.

Homann, Karl und Franz Blome-Drees (1992): Wirtschafts- und Unternehmensethik, Göttingen: Vandenhoeck und Ruprecht (UTB).

Homann, Karl und Christoph Lütge (2013): Einführung in die Wirtschaftsethik (3. Aufl.), Münster: LIT.

Hubig, Christoph (2007): Die Kunst des Möglichen. Grundlinien einer Philosophie der Technik, Bd. 2: Ethik der Technik als Provisorische Moral, Bielefeld: transcript.

Hurley, Susan und Matthew Nudds (Hrsg.) (2006): Rational Animals?, Oxford: Oxford University Press.

Kant, Immanuel (1785/1974): Grundlegung zur Metaphysik der Sitten. Frankfurt/M.: Suhrkamp.

Kerlin, Janelle A. (Hrsg.) (2009): Social Enterprise: A Global Comparison, Lebanon, NH: Tufts University Press.

Kemfert, Claudia (2013): Kampf um Strom. Mythen, Macht und Monopole, Hamburg: Murmann.

Kersting, Wolfgang (2002): Kritik der Gleichheit. Über die Grenzen der Gerechtigkeit und der Moral. Weilerswist: Velbrück.

Knight, Frank H. (1923/1997): The Ethics of Competition, in: The Ethics of Competition, with a new introduction by Richard Boyd, New Brunswick: Transation, 33–67 (Original: Quarterly Journal of Economics 37 (August 1923), 579–624).

Konfuzius (1998): Gespräche (Lun-yu), hrsg. von R. Moritz, Stuttgart: Reclam.

Lam, Kit-Chun Joanna (2003): Confucian Business Ethics and the Economy, in: Journal of Business Ethics 43, 153–162.

Lenin, W. I. (1917/1961): Wie soll man den Wettbewerb organisieren?, in: Werke, Band 26, Berlin: Dietz.

Lenin, W. I. (1967): Ausgewählte Werke in drei Bänden, Berlin: Dietz.

Lütge, Christoph (2005): Wirtschaftsethik, in: Historisches Wörterbuch der Philosophie. Bd. 12, Basel: Schwabe, Sp. 853–855.

Lütge, Christoph (2006): An Economic Rationale for a Work and Savings Ethic? J. Buchanan's Late Works and Business Ethics, in: Journal of Business Ethics 66 (1): 43–51.

Lütge, Christoph (2007): Was hält eine Gesellschaft zusammen? Ethik im Zeitalter der Globalisierung, Tübingen: Mohr Siebeck.

Lütge, Christoph (2009): Gegen eine Ethik der Mäßigung, in: K. Gentinetta; K. Horn (Hrsg.), Abschied von der Gerechtigkeit. Für eine Neujustierung von Freiheit und Gleichheit im Zeichen der Krise, Frankfurt/M.: Frankfurter Allgemeine Buch 2009, 99–106.

Lütge, Christoph (2010): Der böse Markt oder: Geschichten aus der Gruft, in: Focus, 22. 11. 2010, 76ff.

Lütge, Christoph (2011): Economic Ethics, in: Encyclopedia of Applied Ethics, 4 vols., Oxford: Elsevier.

Lütge, Christoph (2012): Wirtschaftsethik ohne Illusionen. Ordnungstheoretische Reflexionen, Tübingen: Mohr Siebeck.

Lütge, Christoph (Hrsg.) (2013a): Handbook of the Philosophical Foundations of Business Ethics, 3 Bde., Heidelberg/New York: Springer.

Lütge, Christoph (2013b): Keine sinnvolle Idee. Suffizienz aus Sicht einer modernen Ethik, in: Politische Ökologie 135, 33–38.

Lütge, Christoph (2013c): Gerechtigkeit und ihre Mechanismen in der Marktwirtschaft, in: Sozialer Fortschritt – Unabhängige Zeitschrift für Sozialpolitik 10–11, 261–267.

Lütge, Christoph und Hannes Rusch (2013): The Systematic Place of Morals in Markets: Comment on Armin Falk & Nora Szech «Morals and Markets», in: Science 340 (6133), 16. August 2013, S. 714.

Luhmann, Niklas (1997): Die Gesellschaft der Gesellschaft, 2 Bde., Frankfurt/M.: Suhrkamp.

Luther, Martin (1524/1987): Von Kauffshandlung und Wucher. Mit Beiträgen von H. Hesse: Über Luthers «Von Kauffshandlung und Wucher», und G. Müller: Zu Luthers Sozialethik. Als Faksimile-Ausgabe der Erstausgabe 1524 hrsg. von H. Recktenwald, Frankfurt/M. und Düsseldorf: Verlag Wirtschaft und Finanzen.

Mann, Thomas (1943/2004): Joseph und seine Brüder. Der vierte Roman: Joseph, der Ernährer, Frankfurt: Fischer.

Mantzavinos, Chrysostomos (1994): Wettbewerbstheorie. Eine kritische Auseinandersetzung, Berlin: Duncker und Humblot.

Marx, Peter und Anke Rahmel (2008): Regulierter Wettbewerb im Gesundheitswesen: Erfahrungen der Niederlande und der Schweiz – Vorbild für Deutschland, in: Medizin zwischen Humanität und Wettbewerb. Probleme, Trends und Perspektiven, Freiburg: Herder.

Mayr, Ernst (2003): Das ist Evolution, München: Bertelsmann.

McCloskey, Deirdre (2006): The Bourgeois Virtues: Ethics for an Age of Commerce, Chicago: University of Chicago Press.

McCloskey, Deirdre (2010): Bourgeois Dignity: Why Economics Can't Explain the Modern World, Chicago: University of Chicago Press.

McGonigle, Brendan und Margaret Chalmers (1992): Monkeys are Rational!, in: The Quarterly Journal of Experimental Psychology Section B: Comparative and Physiological Psychology, 45(3), 189–228.

Meyer, Dirk (1999): Wettbewerbliche Neuorientierung der Freien Wohlfahrtspflege, Berlin: Duncker und Humblot.

Meyer, Dirk (2009): Das sozialhilferechtliche Verhältnis im Wandel. Von einer korporatistischen hin zu einer wettbewerblichen Prägung, in: Beiträge zum Recht der sozialen Dienste, H. 68, 17–35.

Miegel, Meinhard (2014): Hybris: Die überforderte Gesellschaft, Berlin: Propyläen.

Mises, Ludwig von (1922): Die Gemeinwirtschaft, 2. A., Jena: Gustav Fischer.

Miyazaki, Ichisada (1981): China's Examination Hell: The Civil Service Examinations of Imperial China, New Haven: Yale University Press.

Mokyr, Joel (2011): The Enlightened Economy: Britain and the Industrial Revolution, 1700–1850, London: Penguin.

Moyo, Dambisa (2011): Dead Aid. Warum Entwicklungshilfe nicht funk-

tioniert und was Afrika besser machen kann, Berlin: Haffmans & Tolkemitt.
Paravicini, Werner (1994): Die ritterlich-höfische Kultur des Mittelalters, München: Oldenbourg.
Peirce, Charles S. (1877/1998): The Fixation of Belief, in: Collected Papers of Charles Sanders Peirce, Bd. 5: Pragmatism and Pragmaticism, hrsg. von Charles Hartshorne und Paul Weiss, Bristol: Thoemmes, 223–247 (5358 – 5387).
Peirce, Charles Sanders (1893/1998): Evolutionary Love, in: Collected Papers of Charles Sanders Peirce, Bd. 6: Scientific Metaphysics, hrsg. von Charles Hartshorne und Paul Weiss, Bristol: Thoemmes, 190–215 (6287 – 6317).
Pies, Ingo, Winning, Alexandra v., Sardison, Markus und Girlich, Katrin (2009): Nachhaltigkeit in der Mineralölindustrie: Theorie und Praxis freiwilliger Selbstverpflichtungen, Wirtschaftsethik-Studie Nr. 2009–1 des Lehrstuhls für Wirtschaftsethik an der Martin-Luther-Universität Halle-Wittenberg, Halle.
Pies, Ingo (2012): Die zivilgesellschaftliche Kampagne gegen Finanzspekulationen mit Agrarrohstoffen. Eine wirtschaftsethische Stellungnahme, Diskussionspapier Nr. 2012–23 des Lehrstuhls für Wirtschaftsethik an der Martin-Luther-Universität Halle-Wittenberg, Halle.
Precht, Richard D. (2010): Die Kunst, kein Egoist zu sein. Warum wir gerne gut sein wollen und was uns davon abhält, München: Goldmann.
Precht, Richard D. (2013): Anna, die Schule und der liebe Gott. Der Verrat des Bildungssystems an unseren Kindern, München: Goldmann.
Prien, Hans-Jürgen (1992): Luthers Wirtschaftsethik, Göttingen: Vandenhoeck und Ruprecht.
Rawls, John (1971/1993): Eine Theorie der Gerechtigkeit, 7. Aufl., Frankfurt/M.: Suhrkamp.
Rawls, John (1981): The Basic Liberties and Their Priority, *Tanner Lectures on Human Values* (Online-Version unter: http://www.tannerlectures.utah.edu/lectures/documents/rawls82.pdf).
Rawls, John (1993/1998): Politischer Liberalismus, Frankfurt/M.: Suhrkamp.

Reichel, Richard (1994): Markt oder Moral. Entwicklungspolitik auf die ökonomischen Füße gestellt, Frankfurt/M.: Fischer.

Richter, Sandra (2012): Mensch und Markt. Warum wir den Wettbewerb fürchten und ihn trotzdem brauchen, Hamburg: Murmann.

Roberts, Russell (2002): The Invisible Heart: An Economic Romance, Cambridge, Mass.: MIT Press.

Rosa, Hartmut (2006): Wettbewerb als Interaktionsmodus. Kulturelle und sozialstrukturelle Konsequenzen der Konkurrenzgesellschaft, in: Leviathan: Berliner Zeitschrift für Sozialwissenschaft, Jg. 34, H. 1, 82–104.

Rucellai, Giovanni (1772): Ricordanze, Padua.

Russell, Bertrand (1932): Education and the Social Order, London: George Allen & Unwin.

Russell, Bertrand (1949): Authority and the Individual, London: George Allen & Unwin.

Russell, Bertrand (1954): Human Society in Ethics and Politics, London: George Allen & Unwin.

Sauerland, Dirk (2007): Chancen und Probleme des Wettbewerbs im Pflegesektor, in: Detlef Aufderheide u. a. (Hrsg.), Markt und Wettbewerb in der Sozialwirtschaft, Berlin: Duncker und Humblot, S. 169–193.

Schlich, Elmar (2011): Von Äpfeln, Rindfleisch und Wein! Regional? Saisonal? Oder doch global?, Manuskript eines Vortrags auf der Arbeitstagung der Deutschen Gesellschaft für Ernährung e. V. am 21. und 22. September 2011 im Wissenschaftszentrum Bonn (http://www.dge.de/pdf/presse/at2011/DGE-Arbeitstagung-2011-Manuskripte.pdf).

Schmoller, Gustav von (1910): The Mercantile System and Its Historical Significance, 2nd ed., New York: Macmillan.

Schönwälder-Kuntze, Tatjana (2013): The Figure of ‹Rivalry› and its Function in Kant's Ethics, in: Lütge (2013a), Bd. 1, 355–384.

Schumpeter, Joseph (1912/1952): Theorie der wirtschaftlichen Entwicklung. Eine Untersuchung über Unternehmergewinn, Kapital, Kredit, Zins und den Konjunkturzyklus, 5. Aufl., Berlin: Duncker & Humblot.

Sedláček, Tomáš (2012): Die Ökonomie von Gut und Böse, München: Hanser.
Shikwati, James (2012): Die Optimierungsfalle. Warum sich Afrika aus der westlichen und asiatischen Entwicklungshilfe befreien muss, in: Kursbuch 171, 109–126.
Spitzer, Manfred (2012): Digitale Demenz, München: Droemer.
Terkel, Studs (1980): American Dreams: Lost and Found, New York: Pantheon.
Thielemann, Ulrich (2009): System Error. Warum der freie Markt zur Unfreiheit führt, Frankfurt am Main: Westend.
Thurow, Lester (1980): The Zero-Sum Society: Distribution and the Possibilities for Economic Change, New York: Basic Books.
Vaish, Amrisha, Carpenter, Malinda und Tomasello, Michael (2010). Young children selectively avoid helping people with harmful intentions, in: Child Development, 81(6), 1661–1669.
Vogel, David (2006): The Market for Virtue: The Potential and Limits of Corporate Social Responsibility, Washington D. C.: Brookings Institution Press.
Weber, Max (1905/1969): Die protestantische Ethik und der Geist des Kapitalismus, in: Die protestantische Ethik I. Eine Aufsatzsammlung, hrsg. von J. Winckelmann, München/Hamburg: Siebenstern, 27–277.
Welzer, Harald (2013): Selbst denken: Eine Anleitung zum Widerstand, Frankfurt am Main: S. Fischer.
Wößmann, Ludger (2007): Letzte Chance für gute Schulen. Die 12 großen Irrtümer und was wir wirklich ändern müssen, Gütersloh: ZS Verlag.

Anmerkungen

1 Im originalen Wortlaut: «Capitalism takes no prisoners, and it kills competition when it can, as Adam Smith explained about 200 years ago», vgl. http://www.youtube.com/watch?v=wkD6GqBFwns.

2 Vgl. den § 8 der 2. Vorlesung «Moralpsychologie: philosophisch und nicht psychologisch» des «Politischen Liberalismus» (Rawls 1993/1998, S. 166f.).

3 Mises 1922, S. 291.

4 Vgl. hierzu Mantzavinos 1994, S. 15.

5 Schon in der Höhle von Lascaux wurden ca. 17000 Jahre alte Darstellungen von Lauf- und Ringwettbewerben gefunden.

6 Hessel/Morin 2012, S. 19 und 44f.

7 Vgl. Lam 2003.

8 Vgl. Chun 2012.

9 Welt Online vom 25.01.2012.

10 Pressemitteilung Bundesärztekammer vom 23.05.2013, http://www.bundesaerztekammer.de/page.asp?his=3.71.11025.11227.11267.

11 Vgl. dazu als Beispiele etwa Moyo 2011, Reichel 1994, Shikwati 2012.

12 Vgl. etwa die zahlreichen Beispiele in den Arbeiten des ‹Großmeisters› der Evolutionstheorie, Ernst Mayr (2003).

13 Richter 2012.

14 Ähnliche Äußerungen finden sich in Russells «Education and the Social Order» (Russell 1932): «Es ist schwierig, den Wettbewerb völlig zu unterdrücken, ohne die Individualität zu zerstören.» (Übers. d. Verf.) (S. 151).

15 John Rawls: Eine Theorie der Gerechtigkeit, Berlin: Akademie 2006, hier: Anhang: John Rawls über die für die deutsche Übersetzung veränderte Fassung der *Theorie der Gerechtigkeit*, S. 299; in der englischen Ausgabe S. XIV–XV.

16 An anderer Stelle verwendet Rawls den Wettbewerb als ideales Modell für die Wirksamkeit von Gerechtigkeitsprinzipien, wenn er

schreibt, «dass eine gut funktionierende Konkurrenzwirtschaft mit guten Rahmeninstitutionen ohnehin ein Idealmodell ist, das zeigt, wie die Gerechtigkeitsgrundsätze verwirklicht warden könnten.» (Rawls 1971/1993, S. 343)

17 Rawls 1981, S. 81.

18 Vergleiche ausführlich Schönwälder-Kuntze (2013) sowie Eckl (2013).

19 Institut für Arbeits- und Berufsforschung April 2011.

20 Das Kaiserreich kannte erst ab 1900 einen allgemeinen Ladenschluss – von 5 bis 21 Uhr an Werktagen, mit großzügigen Ausnahmen für Lebensmittelhandel und Bäckereien. Jüdische Geschäfte durften ihre Sonntagsruhe auf den Samstag verlegen. Weitere Restriktionen wurden unter der NS-Herrschaft eingeführt – und nach 1945 nicht selten beibehalten.

21 Süddeutsche Zeitung vom 19. 5. 2010.

22 Hierholzer/Richter 2012 und bereits Adolf Hüttl, Goethes wirtschafts- und finanzpolitische Tätigkeit. Ein wenig bekannter Teil seines Lebens, Hamburg: Kovac 1995.

23 Süddeutsche Zeitung vom 29. 1. 2013.

24 Macbeth 1. Akt 7. Szene.

25 Vgl. hierzu etwa auch Binmore 1994 und 1998.

26 Das ist die «Bourgeois Dignity» (McCloskey 2010).

27 Vgl. Mokyr 2011.

28 Etwa Schmoller 1910.

29 Das maßlose Glück: Ein Lob der Verschwendung, Süddeutsche Zeitung vom 25. 12. 2013.

30 Eine der wenigen Ausnahmen bilden Figuren in den Romanen des amerikanischen Autors Russell Roberts, etwa in «The Invisible Heart: An Economic Romance» (2002).

31 Hobbes 1651/1995, S. 90f.

32 Die Welt, 14. 3. 2007. «Die BWL-Schwäche der deutschen Erfinder».

33 Kerlin 2009.

34 Vgl. etwa Moyo 2011, Reichel 1994, Shikwati 2012.

35 Der Spiegel vom 29. 6. 2011.

36 Prien 1992, S. 75.

37 Martin Luther, WA 6, 466, 13 bis 467, 6.

38 Kant 1785/1974, BA 9.

39 Wie insgesamt sowohl Kant als auch Hegel weit weniger gegen das Eigeninteresse eingestellt sind als oft behauptet, vgl. Schönwälder-Kuntze (2013).

40 Fetscher 1973, S. 211.

41 Hier irrt m.E. auch Habermas (1992, S. 29ff.). Vgl. Peirce 1877/1998, 5387 sowie dazu Haskell 1984, S. 210ff. und Lütge 2007, S. 128ff.

42 Los Angeles Times, 17. 12. 2003, ursprünglich in «American Dreams: Lost and Found» (Terkel 1980).

43 Andreoni 1988.

44 «After playing repeatedly (against a new opponent each time), about 90% of subjects end up free riding after ten trials or so (...)» (Binmore 2010).

45 Camerer 2003.

46 Vgl. Vaish et al. 2010.

47 Vgl. http://www.die-linke.de/fileadmin/download/zusammenschluesse/oekologische_plattform/beitraege_umweltpolitik/beitraege_umweltpolitik_2007–01.pdf.

48 http://www.bmu.de/fileadmin/bmu-import/files/pdfs/allgemein/application/pdf/greentech_3_0_bf.pdf.

49 http://www.brookings.edu/~/media/series/resources/0713_clean_economy.pdf.

50 http://www.americanprogress.org/issues/green/news/2011/10/03/10523/green-jobs-by-the-numbers-2/.

51 Interview mit Li Lin vom WWF China, 24. 5. 2011, http://www.beobachter.ch/natur/umweltpolitik/rubriken/natur-umweltschutz/artikel/umweltschutz_china-will-gruener-werden/.

52 http://www.spiegel.de/wissenschaft/technik/0,1518,765919,00.html

53 Chinas Ausbau der Abfallverbrennung bleibt «beispielslos», http://www.recyclingmagazin.de/rm/news_detail.asp?ID=14649&MODE=91&SID=848587192168100100&NS=1.

54 http://green.wiwo.de/umweltschutz-fuer-china-wird-es-richtig-teuer.

55 http://green.wiwo.de/umwelt-china-steht-vor-einem-oko-kollaps/.

56 VDI Nachrichten, 27. 5. 2011.

57 http://www.spiegel.de/wissenschaft/technik/erneuerbare-energie-contra-kohlekraft-chinesen-hoffen-auf-gruene-wende-a-765919.html.

58 China dreht Schmutz-Fabriken den Strom ab, Spiegel online, 16. 8. 2010.

59 Focus-Magazin 43/2005, S. 122ff.

60 http://www.farmersjournal.ie/site/farming-Breeding-what-the-market-demands-14185.html.

61 Vgl. etwa Pies 2012 sowie Glauben/Pies/Prehn/Will 2012.

62 Vgl. etwa eine Studie des Institute for European Environmental Policy (IEEP): Bowyer 2010.

63 Aufgrund gestiegener Ölpreise mittlerweile rentabel, vgl. etwa http://green.wiwo.de/innovation-fabrik-in-mannheim-macht-plastikmull-zu-ol/.

64 Vgl. etwa http://www.dw.de/ich-war-eine-flasche-china-produziert-pullis-aus-plastikabfall/a-2270578.

65 Vgl. etwa Recycling-Experte Rainer Bunge von der Hochschule für Technik Rapperswil: http://www.srf.ch/konsum/services/interaktiv/aha/recycling-von-kreditkarten-ist-unsinn.

66 Vgl. etwa Kemfert 2013 sowie Lütge 2013b.

67 Klaus Froböse: Steigert das Product-Service System Cloud-Computing die Ökoeffizienz?, Centre for Sustainability Management, Leuphana, Universität Lüneburg, November 2012, S. 53 (http://www2.leuphana.de/umanagement/csm/content/nama/downloads/download_publikationen/Froboese_Steigert%20das%20PSS%20Cloud-Computing%20die%20Oekoeffizienz.pdf).

68 Vgl. http://www.bmelv.de/SharedDocs/Pressemitteilungen/2013/048-AI-Bio-bleibt-Wachstumsmarkt.html.

69 http://www.spiegel.de/wirtschaft/soziales/deutschland-baut-wettbewerbsfaehigkeit-aus-a-920265.html.

70 Vgl. etwa Thomas Steinfeld, Moderner Aberglaube, Süddeutsche Zeitung vom 2. 12. 2013.

71 Ich vereinfache und verkürze hier den Stand der Wissenschaftstheorie. Vgl. näher etwa Carrier 2006.

72 Etwa: Süddeutsche Zeitung, 5. 1. 2013.

73 Pressemitteilung Bundesärztekammer vom 23. 05. 2013, http://www.bundesaerztekammer.de/page.asp?his=3.71. 11025.11227.11267.

74 https://www.destatis.de/DE/Publikationen/WirtschaftStatistik/Gesundheitswesen/20JahreKrankenhausstatistik.pdf. Vgl. auch Institut Arbeit und Qualifikation der Universität Duisburg-Essen, http://www.sozialpolitik-aktuell.de/tl_files/sozialpolitik-aktuell/_Politikfelder/Gesundheitswesen/Datensammlung/PDF-Dateien/abbVI32b.pdf.

75 Gezählt sind dabei nur sog. «Investor-Owned (For-Profit) Hospitals»; http://www.aha.org/research/rc/stat-studies/fast-facts.shtml.

76 Vgl. McGonigle/Chalmers 1992, Ainslie 1974, Bond et al. 2003, Chen et al. 2006 sowie insgesamt Hurley/Nudds 2006.

77 Ähnlich wurde das Argument der Gefahrenabwehr jahrzehntelang als Wettbewerbs-Blockade bei den Anbietern von Krankentransporten verwendet.

78 Viele solche Fälle zählt die Gesellschaft für Qualitätsmanagement in der Gesundheitsversorgung e. V. auf: http://www.gqmg.de.

79 http://www.faz.net/aktuell/wirtschaft/unternehmen/tk-chef-norbert-klusen-die-krankenkassen-sollten-privatisiert-werden-11779474.html. Als Randnotiz sollte übrigens nicht unerwähnt bleiben, dass die Techniker Krankenkasse schon einmal – wie viele andere Kassen – bis in die 1930er Jahre eine private Versicherung war.

80 Vgl. etwa Süddeutsche Zeitung vom 4. 11. 2013, S. 19.

81 So warnten etwa die Sozialverbände nach der Bundestagswahl 2009 nahezu unisono eindringlich vor den Gefahren der Privatisierung im Pflegesektor, vgl. Spiegel Online vom 21. 10. 2009, http://www.spiegel.de/politik/deutschland/schwarz-gelber-zuzahlplan-sozialverbaende-warnen-vor-privatisierung-der-pflege-a-656540.html.

82 Vgl. für zahlreiche Beispiele bereits Meyer 1999 und 2009 sowie Sauerland 2007.

83 Das sehen durchaus auch Vertreter der etablierten Organisationen so, vgl. etwa Cremer 2007.

84 Ähnliches gilt übrigens auch für den Wettbewerb unter Kindertagesstätten: Auch hier ist dringend verstärkter Wettbewerb mit entsprechenden Regeln und scharfen Qualitätskontrollen geboten, um die steigenden Kosten der Kinderbetreuung gerade in einer Gesell-

schaft zu kontrollieren, die dringend auf mehr Nachwuchs angewiesen ist.

85 Gleiches vertrete ich mit dem Ansatz der Ordnungsethik, vgl. dazu näher etwa Homann/Lütge 2013 und Lütge 2012.

86 Vgl. Pies et al. 2009.

87 So sprach der Deutsche Werberat immerhin sieben Rügen aus – allerdings bei überprüften 407 Kampagnen.

88 Lütge 2012, S. 24 ff.

89 Vgl. auch meinen kritischen Artikel zum Suffizienzgedanken, Lütge 2013b.

90 Vgl. z. B. Frey und Pommerehne 1993.

91 Darauf weist, in leicht anderen Zusammenhängen, etwa Kersting (2002) immer wieder hin.

92 Die Toten Hosen drücken in ihrem Lied «Einmal in vier Jahren» das Nullsummendenken so aus: «Wir lassen uns gern für dumm erklären, als würden wir nichts verstehen von den ungeschriebenen Gesetzen, um die die Welt sich dreht. Keinen Reichtum ohne Armut, kein Gewinn ohne Betrug.»

93 http://www.gemconsortium.org.

94 http://www.deutsche-mittelstands-nachrichten.de/2013/11/57143/.

95 Pressemitteilung des IW Köln vom 18. Mai 2011. Vgl. ausführlich Helmut E. Klein: Unternehmer und Soziale Marktwirtschaft in Lehrplan und Schulbuch. Der Beitrag gesellschaftswissenschaftlicher Fächer zur ökonomischen Bildung, Bundesarbeitsgemeinschaft SCHULEWIRTSCHAFT, Köln 2011, www.schulewirtschaft.de.

96 Beispielsweise: The Guardian, 9. Juli 2013: New survey suggests social enterprises out-performing mainstream businesses, http://www.theguardian.com/social-enterprise-network/2013/jul/09/survey-suggests-social-enterprises-outperform-business.

97 Walther Rathenau, Von der Grundlage der Geschäfte. In: Gesammelte Schriften, 4. Band. Berlin: Fischer, 1918. S. 90.

Aus dem Verlagsprogramm